Tus finanzas
en una servilleta

Tus finanzas en una servilleta

Tu economía saneada en 30 segundos o menos

TINA HAY

Traducción de **Elia Maqueda**

Adaptación de **Diego Santamarina**

Roca editorial

Este libro no está concebido como una guía de inversión definitiva
ni para sustituir la labor de un asesor financiero u otro experto.
Dado el riesgo que entraña casi cualquier tipo de inversión,
no existen garantías de que los métodos aquí propuestos sean
rentables. Ni la editorial ni la autora se hacen responsables de
ninguna pérdida de patrimonio que pueda derivarse de la puesta
en práctica de los métodos sugeridos en este libro.

Título original: *Napkin Finance*

© 2019, Tina Hay

Diseño de Renata Oliveira

Primera edición en este formato: enero de 2022

© de la traducción: 2022, Elia Maqueda
© de esta edición: 2022, Roca Editorial de Libros, S.L.
Av. Marquès de l'Argentera, 17, pral.
08003 Barcelona
actualidad@rocaeditorial.com
www.rocalibros.com

Impreso por Egedsa
ISBN: 978-84-17805-91-3
Depósito legal: B 17977-2021

RE05913

Para Mehrzad y John Hay

Índice

1

Dinero

CONCEPTOS BÁSICOS

INTERÉS COMPUESTO

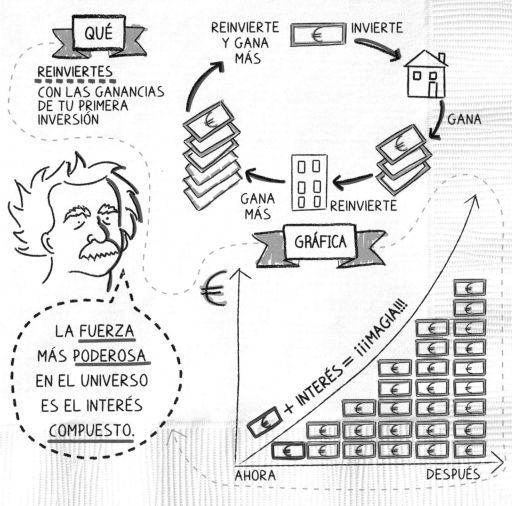

QUÉ

REINVIERTES
CON LAS GANANCIAS
DE TU PRIMERA
INVERSIÓN

REINVIERTE
Y GANA
MÁS

INVIERTE

GANA

GANA
MÁS

REINVIERTE

GRÁFICA

LA FUERZA
MÁS PODEROSA
EN EL UNIVERSO
ES EL INTERÉS
COMPUESTO.

€

+ INTERÉS = ¡¡¡MAGIA!!!

AHORA

DESPUÉS

Interés compuesto

Probablemente conozcas el concepto básico del interés: metes 1.000 euros en el banco y el banco te devuelve un pequeño porcentaje, por ejemplo un 2%. Al cabo de un año, habrás ganado 20 euros.

Si conservas ese dinero en la cuenta, el segundo año ganarás el 2% de 1.020 euros, no de tus 1.000 euros originales. Y, en lugar de ganar 20 euros, obtendrás 20,40 euros (¡un pastizal!). El interés compuesto es ese dinero que ganas a ritmo creciente (o, dicho de otro modo, el interés generado por el interés).

La magia de la capitalización radica en que tu dinero crece de manera exponencial. Esos 40 céntimos extra pueden parecer poco a primera vista, pero, con el tiempo y manejando cifras más altas, la capitalización puede tener resultados impresionantes.

10.000 vs. 0,01 euros

¿Prefieres recibir 10.000 euros todos los días durante un mes o un céntimo que se duplique todos los días durante un mes?

Gracias a la capitalización, al cabo de un mes, el céntimo que se multiplica por dos te habría hecho ganar 10.737.418 euros (y la necesidad imperante de tener muchísimo papel para envolver tantas monedas) en comparación con los 300.000 euros que tendrías de haberte quedado con los 10.000 euros al día.

DÍA 1   SEMANA 1   SEMANA 2   SEMANA 3   SEMANA 4

300.000 €

DÍA 1   SEMANA 1   SEMANA 2   SEMANA 3   SEMANA 4

10.737.418 €

Cómo impulsar el crecimiento de tu dinero

La capitalización siempre acelera el crecimiento de tu dinero (a menos que saques el dinero del banco en lugar de dejar que siga creciendo). Pero hay tres cosas que pueden ayudar a darle un empujón a tu capitalización:

> › Un tipo de interés más alto.
> › Añadir más dinero en el proceso.
> › Darle a tu dinero tiempo para crecer.

Curiosidades

> › Se cree que el interés compuesto lo inventó un antiguo babilonio alrededor del año 2000 a. C., poco después de la invención de la rueda.
> › ¿Cuánto tarda el dinero en multiplicarse por dos? Divide 72 por el tipo de interés para obtener una aproximación (esto recibe el nombre de la «regla del 72», hay más información al respecto en el capítulo 10).

Conclusiones

> › El interés compuesto es el interés generado por el interés (o el interés pagado por el interés).
> › Los inversores hablan de la «magia de la capitalización» por lo increíble que resulta la posibilidad de hacer crecer así tu dinero.
> › Para aumentar el crecimiento compuesto de tu dinero, intenta invertir más dinero, deja que crezca durante más tiempo y busca el mayor índice de retorno posible.

Les he dicho a mis padres que mi paga semanal debería pagar interés compuesto
y ellos me han contestado que me vaya de casa, que ya tengo más de treinta años.
—Tus finanzas en una servilleta ☺

AHORROS

Ahorros

Los ahorros son fondos que dejas aparte y no gastas.

La vida te da sorpresas, de las buenas y de las malas, pero tener ahorros es una buena forma de garantizar la disposición de efectivo para emergencias, facturas inesperadas, gastos médicos y objetivos futuros. Y, lo más importante, ahorrar es clave para construir tu seguridad financiera para toda la vida.

> «*No ahorres lo que te quede después de gastar: gasta lo que te quede después de ahorrar.*»
> —WARREN BUFFETT, INVERSOR MULTIMILLONARIO

Beneficios de las cuentas de ahorros

Ahorrar es un hábito estupendo. Guardar ese dinero que tanto te ha costado ganar en una cuenta de ahorros específica para este fin tiene varios beneficios:

› Estabilidad: las cuentas de ahorros no cambian de valor y no te hacen perder dinero. Son para proteger lo que ya tienes.
› Crecimiento: el dinero crece en una cuenta de ahorros a medida que ganas interés.
› Seguridad: en España, el Fondo de Garantía de Depósitos (FGD) cubre el dinero depositado en las entidades bancarias hasta un máximo de 100.000 euros por titular.

Consejos para ahorrar

› Abre una cuenta de ahorros.
  › Una cuenta de ahorros puede ayudarte a mantener los ahorros separados del dinero que puedes gastar, de forma que no tengas la tentación de tocarlos. Elige una cuenta sin comisiones o con comisiones muy bajas y un tipo de interés alto, y asegúrate de poder cumplir cualquier requisito relativo al saldo

mínimo y de que estás de acuerdo con las restricciones de retirada de efectivo aplicables.
> Elige un porcentaje.
  > Decide el porcentaje específico de cada nómina que vas a ahorrar en función de tu presupuesto; puede ser incluso un 1% para empezar. Los expertos sugieren que es deseable alcanzar una tasa de ahorro del 20%.
> Automatiza el proceso.
  > Programa una transferencia automática desde tu cuenta corriente a la de ahorros. En cuanto recibas la nómina, una fracción de la misma debería ir directamente a los ahorros para que no tengas la oportunidad de gastarte ese dinero.

Curiosidades

> Existe una modalidad de terapia específica para saciar la fiebre del consumismo. Las emociones pueden llevarte a gastar más de la cuenta. Intenta no utilizar tu cuenta bancaria para lidiar con el estrés.
> Pagar con efectivo en lugar de con tarjeta puede ayudarte a gastar menos. Al parecer, contar los billetes hace más doloroso el gasto que pasar la tarjeta.
> Históricamente, España no posee una cultura del ahorro asentada. Las familias españolas ahorran la mitad, o menos, que la media europea.

Conclusiones

> Ahorrar de cara al futuro es vital para construir tu seguridad financiera.
> Tener el dinero guardado en una cuenta de ahorros puede ayudar a ganar intereses, mantenerlo a salvo y evitar gastártelo.
> Programar transferencias automáticas a tu cuenta de ahorros y consagrar un porcentaje específico de tu nómina puede ser útil para empezar.

Ahórrale dinero al dinero: no te lo gastes. —Tus finanzas en una servilleta ☺

PRESUPUESTO

GESTIONA TUS GASTOS Y TUS AHORROS

QUÉ

PLAN MENSUAL

CALENDARIO

AHORROS   GASTOS

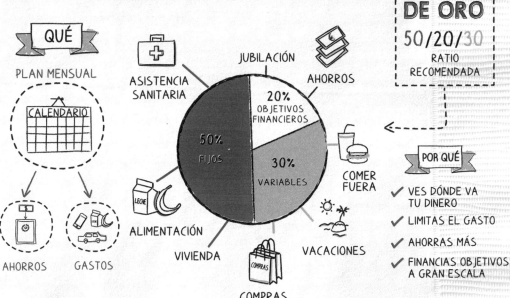

ASISTENCIA SANITARIA

JUBILACIÓN

AHORROS

20% OBJETIVOS FINANCIEROS

50% FIJOS

30% VARIABLES

COMER FUERA

ALIMENTACIÓN

VIVIENDA

COMPRAS

VACACIONES

POR QUÉ

✓ VES DÓNDE VA TU DINERO
✓ LIMITAS EL GASTO
✓ AHORRAS MÁS
✓ FINANCIAS OBJETIVOS A GRAN ESCALA

PIENSA DÓNDE PUEDES RECORTAR

3 € / DÍA = 0
¡1.095 € / AÑO!
DESAYUNO

2 € / DÍA =
¡730 € / AÑO!
AGUA MINERAL

VS.

¡PRÁCTICAMENTE GRATIS!
AGUA DEL GRIFO

Presupuesto

Un presupuesto es un plan que puedes usar para gestionar mejor tus gastos y tus ahorros. Cuando te guías por un presupuesto, pones una serie de límites sobre en qué inviertes el dinero. Tener un presupuesto puede ser una forma muy buena de mejorar tu situación financiera, porque te ayuda a asegurarte de no estar gastando más de lo que ganas.

> «Cuida los pequeños gastos; una pequeña fuga puede hundir un gran barco.»
>
> —BENJAMIN FRANKLIN, PADRE FUNDADOR DE ESTADOS UNIDOS

Los beneficios de hacer un presupuesto incluyen:

› Tener una idea más clara de en qué te gastas el dinero (hola, comida a domicilio).
› Garantizar que tienes suficiente dinero para cubrir tus necesidades y limitar lo que te gastas en caprichos.
› Ahorrar más dinero.
› Dedicar más dinero a pagar deudas o a financiar objetivos a gran escala.

Cómo hacer un presupuesto

Paso 1: calcula el sueldo neto que ganas al mes.

Paso 2: controla tus gastos durante un par de meses para ver cuánto gastas un mes normal y en qué. Puedes usar herramientas como hojas de cálculo o apps.

Paso 3: decide qué categorías vas a incluir en tu presupuesto y establece un límite mensual para cada categoría (por ejemplo, un máximo de 200 euros al mes en comer fuera).

Paso 4: cíñete a esos límites. Las apps u otros tipos de software pueden ayudarte
también en este paso, por ejemplo, avisándote cuando alcances el máximo mensual.

Paso 5: una vez que te hayas acostumbrado a llevar un seguimiento de tus gastos,
intenta buscar formas de ir recortándolos.

El presupuesto 50-20-30

Una decisión importante que debes tomar cuando diseñes tu presupuesto es cuánto vas a
dedicar a cada una de las categorías, como hemos mencionado antes.

Una regla de oro que puede aplicarse muy bien a los presupuestos es la del 50-20-30.
Consiste en dividir los ingresos del siguiente modo:

> › 50% para gastos fijos: alquiler o hipoteca, suministros básicos, alimentación
> y atención sanitaria.
> › 20% para objetivos financieros: amortización de préstamos o deudas, anticipo
> o entrada de una vivienda, o plan de pensiones de cara a la jubilación.
> › 30% para gastos variables: ocio, vacaciones, comer fuera de casa y compras que
> no son de primera necesidad.

Curiosidades

> › La palabra *budget* («presupuesto» en inglés) viene del francés *bougette*, que
> significa «bolso de cuero».
> › En el período comprendido entre 2009 y 2019 las categorías que más
> incrementaron su importancia sobre el total del gasto fueron «Vivienda»,
> «Transporte» y «Enseñanza». Por el contrario, «Ocio y Cultura» y «Vestido
> y Calzado» restaron importancia.

Conclusiones

› Un presupuesto es un plan que te permite decidir cuánto te gastas y en qué.
› Tener un presupuesto puede ser una buena forma de asegurarte de vivir acorde con tus posibilidades.
› Puedes crear un presupuesto personalizado o probar el modelo 50-20-30.
› Las apps pueden ayudarte a llevar un seguimiento del gasto y ceñirte a los límites que te has impuesto.

Ojalá todo el mundo se tomara tan en serio hacer un presupuesto como buscar una serie que ver de un tirón en Netflix. —Tus finanzas en una servilleta ☺

Deuda

La deuda es dinero prestado que has de devolver.

Cuando pides dinero prestado, generalmente accedes a devolverlo pasado un período de tiempo, que se denomina plazo del préstamo. Lo habitual es abonar un interés además de la cantidad que se ha pedido prestada originalmente.

A lo largo de tu vida, puedes tener distintos tipos de deuda. Los más frecuentes son:

› Crédito de la tarjeta: cada vez que pagas con tarjeta de crédito, estás pidiendo un préstamo. Cuando abonas el crédito, estás pagando tu deuda.

> «Por una pequeña suma de dinero, se vuelve uno tu deudor; si la suma es grande, se vuelve tu enemigo.»
> —LUCIO ANNEO SÉNECA, FILÓSOFO HISPANORROMANO

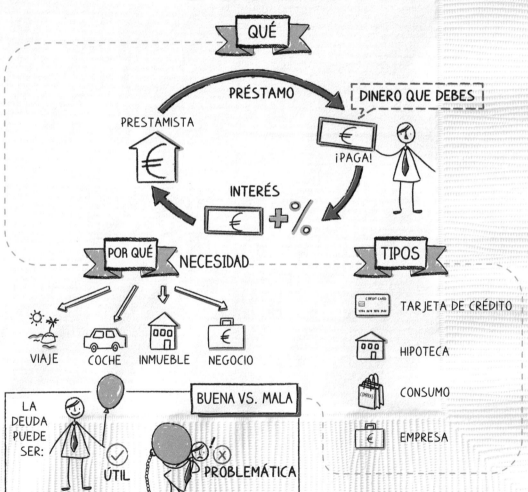

- › Hipoteca: una hipoteca es un préstamo para comprar un inmueble. Una hipoteca convencional tiene un plazo de entre 15 y 30 años.
- › Crédito al consumo: para financiar bienes de consumo de carácter duradero. Por ejemplo, un préstamo para adquirir un vehículo.
- › Financiación para empresas: las empresas también solicitan préstamos. Los préstamos para PYMES pueden ayudar a despegar a los negocios nuevos.

Deuda buena, deuda mala

Que una deuda se considere «buena» o «mala» depende del tipo de interés y de que la deuda se contraiga para hacer una inversión inteligente o no.

Tipo de deuda	Hipoteca	Tarjeta de crédito
¿Buena o mala?	Buena	Mala
Tipo de interés	Bajo	Alto
¿Inversión inteligente?	Sí. Hay muchas posibilidades de que tu casa adquiera valor. Tener un inmueble en propiedad puede aumentar tu seguridad financiera.	No. Esa cena de cinco estrellas que te regalaste fue estupenda, pero no aumentará tu patrimonio.

Curiosidades

- › El endeudamiento bancario de los hogares españoles se sitúa en los 700.000 millones de euros.

›   La mayor parte la representan los créditos hipotecarios que suponen más del 70% del total.

›   Las empresas acumulan más de 900.000 millones de euros de deuda.

Conclusiones

›   La deuda es dinero que recibes en concepto de préstamo y que debe devolverse, generalmente con intereses.

›   Hay muchas probabilidades de que adquieras deuda en algún momento de tu vida, ya sea para financiar un gasto, para comprar un coche o una vivienda.

›   Que la deuda se considere «buena» o «mala» depende de si tiene un tipo de interés bajo o alto y de si solicitas un préstamo para hacer una buena inversión.

No toda la deuda es mala. A veces simplemente es deuda mal entendida.
—Tus finanzas en una servilleta ☺

Interés

Para el beneficiario de un préstamo, el interés es el coste que le supone pedirlo. Para un prestamista, el interés es el beneficio que gana prestando dinero.

El interés se expresa como un porcentaje, por ejemplo el 5%. La cantidad de intereses que abona el beneficiario se calcula multiplicando el tipo de interés por el importe del préstamo y el tiempo que se tardará en cancelar el préstamo. Por ejemplo, si pides un préstamo de 1.000 euros con un tipo de interés del 5% durante un año, tendrás que devolver 1.050 euros.

INTERÉS

EL COSTE DE PEDIR DINERO PRESTADO

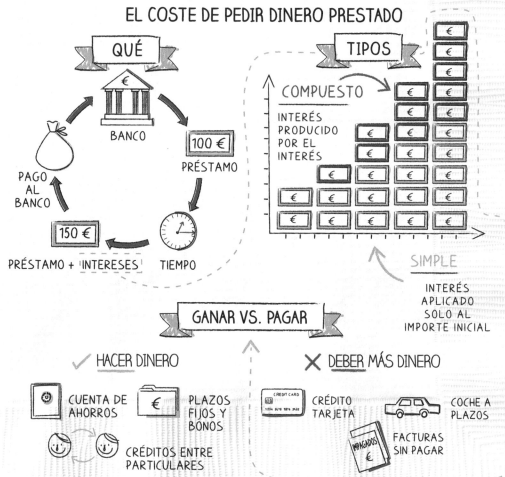

QUÉ

BANCO

€

PAGO AL BANCO

100 €
PRÉSTAMO

150 €
PRÉSTAMO + INTERESES

TIEMPO

TIPOS

COMPUESTO

INTERÉS PRODUCIDO POR EL INTERÉS

€ € € € € € € € € € € € € € € € € €

SIMPLE

INTERÉS APLICADO SOLO AL IMPORTE INICIAL

GANAR VS. PAGAR

✓ HACER DINERO

CUENTA DE AHORROS

€ PLAZOS FIJOS Y BONOS

CRÉDITOS ENTRE PARTICULARES

✗ DEBER MÁS DINERO

CREDIT CARD
1234 5678 9876 5432
CRÉDITO TARJETA

COCHE A PLAZOS

IMPAGADOS €
FACTURAS SIN PAGAR

Flujo del interés

En distintos momentos de la vida, puedes estar en los distintos extremos: ser quien recibe o quien paga el interés.

Cuando prestas o inviertes dinero, un tipo de interés más alto será más conveniente, porque significa que ganarás más. Cuando pides dinero prestado, te interesa un tipo de interés más bajo, porque significa que pagarás menos.

Recibes interés si:	Pagas interés si:
Tienes dinero en una cuenta bancaria que devenga intereses.	Utilizas el crédito de tu tarjeta.
Tienes un depósito a plazo fijo, bonos u otros activos de inversión que devenguen intereses.	Pides un préstamo para comprar una casa, comprar un coche o financias los gastos de unas obras de reforma.
Realizas un préstamo *online* a pequeños emprendedores o le haces un préstamo con intereses a un amigo.	No pagas una factura en el plazo determinado y empieza a acumular intereses.

Dos tipos de interés

El *interés simple* se calcula tomando como base únicamente la cantidad de dinero que se ha prestado inicialmente. El *interés compuesto* se calcula tomando como base la cantidad inicialmente prestada más el interés devengado.

Cuando comparas los tipos de intereses puedes ver dos referencias. Por un lado, el Tipo de Interés Nominal (TIN) es el tipo que los bancos utilizan y nos comunican en los contratos y refleja el pago (o cobro) de intereses. En los depósitos el TIN se refleja como un porcentaje fijo que se pacta por el dinero. Por otro lado, la Tasa Anual Equivalente (TAE), además de tener en cuenta el tipo de interés nominal, incluye el importe y plazo de la operación, así como sus comisiones y gastos. De este modo, la TAE constituye un indicador más fiable para los clientes a la hora de comparar productos de igual naturaleza.

Conclusión: los tipos de interés pueden ser sorprendentemente complicados. Siempre que compares distintos tipos —tanto cuando estés buscando un tipo bajo para pedir un préstamo como uno alto para ganar dinero—, asegúrate de estar comparando las mismas clases de tipos.

Curiosidades

› Aunque es poco habitual, los tipos de interés pueden ser negativos, en cuyo caso es el banco quien te paga a ti por pedir un préstamo (o te cobra por mantener tu dinero a salvo).
› La ley islámica prohíbe pagar o cobrar intereses. Si abres una cuenta de ahorros en un banco que se rija por la *sharía*, te ofrecerán un «beneficio objetivo» en lugar de un tipo de interés.

Conclusiones

› El interés es el coste de pedir dinero prestado.
› Cuando solicitas un préstamo, el interés te perjudica. Cuando ejerces de prestamista, el interés te beneficia.
› Si vas a comparar tipos de interés, asegúrate de hacer la comparación con tipos de la misma clase.

Probablemente quieras un préstamo sin intereses, si no tienes interés en devolverlo. —Tus finanzas en una servilleta ☺

BANCOS

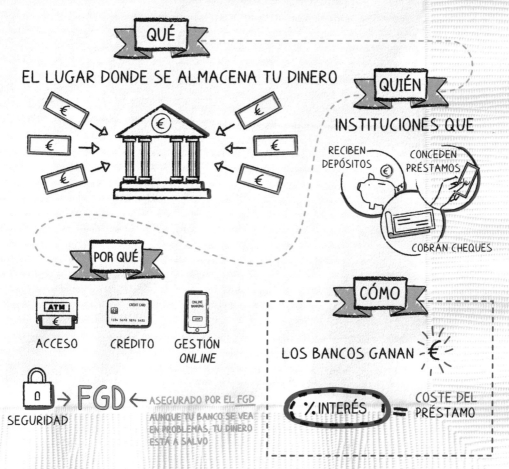

QUÉ

EL LUGAR DONDE SE ALMACENA TU DINERO

QUIÉN

INSTITUCIONES QUE

RECIBEN DEPÓSITOS

CONCEDEN PRÉSTAMOS

COBRAN CHEQUES

POR QUÉ

ACCESO   CRÉDITO   GESTIÓN ONLINE

CÓMO

LOS BANCOS GANAN €

% INTERÉS = COSTE DEL PRÉSTAMO

FGD ← ASEGURADO POR EL FGD AUNQUE TU BANCO SE VEA EN PROBLEMAS, TU DINERO ESTÁ A SALVO

SEGURIDAD

Bancos

Los bancos son instituciones que reciben depósitos, cobran cheques y conceden préstamos. Son, básicamente, lugares donde guardas el dinero y donde se efectúan transacciones.

Beneficios de la banca

Utilizar una cuenta u otros servicios bancarios te da las siguientes ventajas:

› Seguridad: el dinero en el banco está asegurado hasta los 100.000 euros.
› Accesibilidad: puedes ingresar y retirar dinero fácilmente.
› Gestión *online*: gestionas tus cuentas desde la web o la app de tu banco.
› Transferencias sencillas: si vinculas tu cuenta a una app de pago es muy fácil pagar una deuda a un amigo o comprar las entradas de un concierto.
› Acceso a préstamos: puedes solicitarle a tu banco una tarjeta de crédito o una hipoteca.

Seguridad y garantías

El dinero que depositas en un banco está a salvo. La razón es que el gobierno español, a través del FGD (Fondo de Garantía de Depósitos), asegura las cuentas bancarias hasta un máximo de 100.000 euros por titular. Eso significa que, aunque tu banco cerrara (algo muy poco probable) y tu dinero desapareciese, te reembolsarían hasta esa cantidad.

«Un banquero es alguien que te presta un paraguas cuando hace sol y te lo quita cuando llueve.»
—MARK TWAIN, ESCRITOR

Cómo ganan dinero los bancos

Los bancos conceden créditos a la gente y a las empresas y cobran intereses de esos préstamos (también ganan dinero si activas las comisiones de la cuenta; estúdiate bien los términos y las condiciones de la cuenta para evitarlo). Al recibir ese beneficio de los intereses, los bancos suelen poder pagar una pequeña cantidad de intereses por el dinero depositado en las cuentas de ahorros.

Curiosidades

› El banco Credito Emiliano, en Italia, acepta el queso parmesano como garantía de préstamo.
› ¿Por qué robarías 1 euro en un banco? Para ir a la cárcel y tener así acceso a asistencia sanitaria, o así lo afirman dos hombres en Estados Unidos, uno de Carolina del Norte y otro de Oregón, que intentaron (por separado) hacer exactamente eso en 2011 y en 2013, respectivamente.

Conclusiones

› Tener una cuenta bancaria puede facilitarte la gestión del dinero.
› El dinero depositado en los bancos españoles está asegurado por el FGD hasta un máximo de 100.000 euros, con lo que tu dinero está a salvo aunque tu banco se hunda (RIP, Lehman Brothers).
› Los bancos ganan dinero cobrando intereses por los préstamos.

La banca *online* es perfecta para transferir dinero cómodamente desde la bañera. —Tus finanzas en una servilleta ☺

FONDO PARA EMERGENCIAS

QUÉ

DINERO «POR SI ACASO»

POR QUÉ

TE AYUDARÁ SI

TE QUEDAS EN PARO

TIENES UNA URGENCIA MÉDICA

SE TE AVERÍA EL COCHE

REGLA DE ORO → AHORRA ENTRE <u>3</u> Y <u>6</u> MESES DE GASTOS FIJOS

CONSEJOS

CONFIGURA EL AHORRO AUTOMÁTICO

PRIORÍZALO SOBRE OTROS OBJETIVOS

GUÁRDALO EN UNA CUENTA DE AHORROS

¡LAS ENTRADAS DE ÚLTIMA HORA DE **FESTIVALES** NO SON UNA EMERGENCIA!

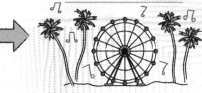

Fondo para emergencias

Un fondo para emergencias es un dinero que tienes «por si acaso».

¿Por qué es importante?

El fondo para emergencias es algo a lo que puedes recurrir si:

› Te quedas en paro.

› Se te avería el coche.

› Tienes una emergencia sanitaria.

Disponer de un fondo para emergencias puede ayudarte a resistir mejor los golpes impredecibles de la vida, y hará que te resulte más fácil recuperarte de las dificultades que de lo contrario podrían resultar en desastres financieros.

Cómo crearlo

Los expertos suelen recomendar que ahorres el equivalente a entre tres y seis meses de gastos fijos y que ese sea tu fondo para emergencias; esta cantidad debería ser inferior

Ahorra menos si:	Ahorra más si:
Tienes un buen seguro médico.	Tienes un seguro médico precario o no tienes seguro.
Tienes la posibilidad de mudarte a casa de tus padres fácilmente si te quedas sin trabajo.	Prefieres la muerte a volver a la casa familiar o a dormir en el sofá de un amigo.
No tienes pareja ni personas a tu cargo.	Tienes hijos u otras personas dependientes a tu cargo.
Tienes otros activos que pueden ayudarte a paliar cualquier revés económico.	Tu economía ya es un poco precaria.

a entre tres y seis meses de tus ingresos, por supuesto. No obstante, puedes disminuir o ampliar esa cantidad en función de distintos factores.

Consejos

Recomendaciones para crear un fondo para emergencias:

> › Debe ser una prioridad. Muchos expertos recomiendan darle prioridad al fondo para emergencias sobre otros objetivos vitales, como por ejemplo el plan de pensiones.
> › Deposítalo en una cuenta de ahorros; de esta forma, estará a salvo y podrás acceder a él fácilmente, pero también generará intereses.
> › Programa transferencias automáticas de tu cuenta corriente al fondo para emergencias hasta que lo completes.

¿Cuándo debo usarlo?

Las entradas de última hora para teatros o festivales pueden parecer una emergencia, pero lo siento, eso no cuenta. No rompas tu hucha cerdito de emergencia a menos que el gasto al que te enfrentas sea una emergencia de verdad.

También deberías intentar no recurrir a tu fondo para emergencias si los gastos son predecibles. Si sabes que la vida de tu coche está tocando a su fin, abre un fondo aparte para comprarte un coche nuevo para no tener que usar tu fondo para emergencias llegado el momento.

Curiosidades

> › Aproximadamente dos de cada cinco adultos no pueden hacer frente a una factura inesperada de 400 euros.
> › El motivo más habitual por el que la gente debe recurrir a su fondo para emergencias es hacer reparaciones en el hogar, seguido de reparaciones del vehículo.

Conclusiones

› Intenta ahorrar entre tres y seis meses del equivalente a tus gastos fijos en tu fondo para emergencias.

› El fondo para emergencias debe depositarse en un lugar de fácil acceso, como por ejemplo una cuenta de ahorros (ver el apartado «Ahorros» en este mismo capítulo).

Es importante tener un fondo para emergencias en caso de desempleo inesperado. Es importante tener una bolsa de papel para vomitar y pepinillos en caso de embarazo inesperado. —Tus finanzas en una servilleta ☺

Seguros

Los seguros son una protección financiera. Junto con tu fondo para emergencias, los seguros forman tu red de seguridad para que ningún desastre en potencia —como un accidente, una enfermedad, un incendio en el hogar o la defunción de un familiar— destroce tu situación económica.

Cuando contratas una póliza de seguros, generalmente accedes a pagar a la aseguradora una cantidad concreta de dinero de forma periódica que recibe el nombre de prima. A cambio, la aseguradora se compromete a devolverte o a ayudarte a abonar el coste de ciertas pérdidas incluidas en la cobertura si necesitas poner una reclamación o solicitar un reembolso.

En todas las etapas de la vida

Tus pólizas de seguros suelen cambiar en función de los hitos y momentos importantes de la vida por los que estés pasando. He aquí algunos de los tipos de seguros que puedes necesitar a lo largo de tu vida:

Consejos

› A menor riesgo, menor prima. Si no fumas, el riesgo de que mueras a causa de una enfermedad relacionada con el tabaquismo es más bajo, así que puedes conseguir una póliza de seguro de vida más barata.

› Debes saber cuáles son los deducibles, que son cantidades que debes pagar de tu bolsillo antes de que el seguro pague nada.

› Si efectúas muchas reclamaciones a tu aseguradora, esta puede subirte la prima. Por eso mucha gente no da parte de muchos accidentes de circulación menores.

› Los seguros son complicados y pueden variar mucho de una póliza a otra. Lee los contratos con atención para entender bien tu cobertura.

Curiosidades

› Cuando David Beckham estaba en el cénit de su carrera, se rumoreaba que sus piernas estaban aseguradas por la friolera de 150 millones de euros.

› Se dice que la actriz Shirley MacLaine tiene una póliza de seguros de unos 20 millones de euros para proteger su fortuna de una posible abducción alienígena.

Hito vital	Ahorra más si:
Primer trabajo	Te damos la bienvenida al maravilloso mundo de gestionar tu propio seguro de salud.
Primer viaje fuera de Europa	Hola, seguros de asistencia en viaje.
Primer coche	Deberás contratar un seguro de automóvil.
Primera casa (en propiedad)	Suscribir un seguro de hogar es una opción idónea. Si tienes hipoteca, el seguro de incendios es obligatorio.
Hijos	¡Enhorabuena! Cada uno de estos seres de luz tendrá que ser añadido a tu seguro sanitario. También te conviene contratar un seguro de vida.

Conclusiones

> › Cuando contratas una póliza de seguros, accedes a pagarle a la aseguradora una pequeña cantidad de dinero regularmente. A cambio, la empresa aseguradora accede a pagarte una gran cantidad de dinero si ocurre algo muy malo.

> › Puede que necesites contratar un seguro cada vez que alcanzas un hito vital, como tener hijos o comprarte una casa.

> › Las compañías de seguros cobran más por las pólizas más arriesgadas.

Una manzana al día te ahorraría no tener que visitar al doctor. Igual que no tener seguro médico. —Tus finanzas en una servilleta ☺

Cuestionario

1. Tu dinero está seguro en el banco porque:

    a. Se almacena dentro de una caja fuerte.
    b. En el banco te han dicho que lo está, ¿y por qué te iban a mentir?
    c. El director del banco en persona garantiza cada euro depositado.
    d. Existe un fondo que cubre hasta un máximo de 100.000 euros.

2. Los bancos ganan dinero:

    a. Con los intereses con los que gravan los préstamos.
    b. Embargando viviendas.
    c. Blanqueando dinero al margen de la ley.
    d. Porque el presidente se va al casino con una bolsa de dinero todos los meses.

3. **Entre los beneficios de organizar tus finanzas en base a un presupuesto se incluyen todos los puntos siguientes excepto uno. ¿Cuál?**

   a. Te ayuda a vivir conforme a tus ingresos.

   b. Incrementa tu cotización a la Seguridad Social de cara a la jubilación.

   c. Te permite ver en qué te gastas el dinero.

   d. Te ayuda a ahorrar dinero para tus objetivos a largo plazo.

4. **Una regla para hacer un buen presupuesto es:**

   a. Presupuesto 10-90: 10% en vivienda y 90% en bocadillos de calamares.

   b. Presupuesto 40-20-40: 40% en vivienda, 20% en alimentación y 40% en todo lo demás.

   c. Presupuesto 50-20-30: 50% en gastos fijos, 20% para objetivos a largo plazo y 30% en gastos variables.

   d. Presupuesto 10-10-80: 10% en bares, 10% en taxis y 80% en pasarlo bien.

5. **El interés compuesto es:**

   a. El interés devengado del interés que ya has ganado.

   b. La cantidad que genera una acción al mes.

   c. Algo que puedes mencionar en las fiestas para parecer inteligente.

   d. Cuando tienes más interés en los personajes de una serie en la segunda temporada del que tenías en la primera.

6. **Verdadero o falso: recibir 10.000 euros todos los días durante un mes es mejor que recibir un céntimo que se duplique cada día durante un mes.**

   ○ Verdadero   ○ Falso

7. **La clave para conseguir que la capitalización haga su magia es:**

   a. Enviarla al Colegio Hogwarts de Magia y Hechicería.

   b. Marcar la casilla de «Sí, quiero ganar interés compuesto» cuando abres tu cuenta.

   c. No sacar el dinero que ganas y dejarlo que siga incrementándose.

   d. No lavarte el pelo al menos 30 minutos después de ingresar el interés compuesto.

8. Entre los tipos más comunes de deuda se incluyen todos los siguientes excepto:

   a. Préstamo para adquirir un vehículo.

   b. Préstamo para abrir una empresa.

   c. Préstamo normal y corriente.

   d. Préstamo hipotecario.

9. La deuda puede ser «deuda buena» siempre que:

   a. Tenga un tipo de interés bajo y se vaya a utilizar en una inversión inteligente.

   b. Haya sido muy divertido gastarse el dinero.

   c. Sea de menos de 500 euros.

   d. Te haya enseñado una lección acerca de lo que realmente importa. Ohhh.

10. Verdadero o falso: es recomendable ahorrar entre tres y seis meses del equivalente a tus gastos fijos para crear un fondo para emergencias.

   ○ Verdadero   ○ Falso

11. Puedes recurrir a tu fondo para emergencias si:

   a. Lo necesitas para organizar la despedida de soltera de tu mejor amiga.

   b. Consigues un trabajo nuevo y necesitas invertir en fondo de armario.

   c. Quieres ir a comer a los restaurantes más premiados.

   d. Te quedas en paro y tienes que pagar el seguro médico de tu bolsillo.

12. Puedes rebajar la prima de tu seguro si:

   a. Aprendes a elaborar correctamente un presupuesto.

   b. Tienes buena salud y evitas hacer reclamaciones al seguro a menos que lo necesites de verdad.

   c. Te mudas a Canadá.

   d. Vendes tu póliza de seguros al mejor postor.

13. **Cuando pides dinero prestado, debes buscar:**
- a. Amigos nuevos que estén forrados y puedan cubrirte cuando no puedas devolverlo.
- b. Un tipo de interés alto, porque en realidad nadie espera que devuelvas el préstamo.
- c. Un tipo de interés bajo, porque un préstamo con un interés bajo te da más rendimiento.
- d. Un tipo de interés bajo para pagar menos.

14. **El interés simple es:**
- a. Interés que no pasó de la educación primaria.
- b. Interés devengado únicamente de la cantidad inicial, al contrario de lo que ocurre con el interés compuesto.
- c. Ese grupo de música que tanto le gusta al becario nuevo.
- d. Interés que ahora mismo no busca nada serio.

15. **Verdadero o falso: no tienes que preocuparte por ahorrar dinero hasta los cuarenta años al menos.**
- ○ Verdadero   ○ Falso

16. **Para que te sea más fácil ahorrar, puedes hacer todo lo siguiente excepto:**
- a. Depositarlo en una cuenta de ahorros.
- b. Programar transferencias automáticas a tu cuenta de ahorros.
- c. Intentar ahorrar un porcentaje fijo de tu nómina todos los meses.
- d. Tener hijos.

Respuestas

1. d	**5.** a	**9.** a	**13.** d
2. a	**6.** F	**10.** V	**14.** b
3. b	**7.** c	**11.** d	**15.** F
4. c	**8.** c	**12.** b	**16.** d

Dar o no dar crédito

GENERAR CRÉDITO

HISTORIAL CREDITICIO

QUÉ

REPUTACIÓN FINANCIERA

REFLEJA
**TU COMPORTAMIENTO
COMO SOLICITANTE
DE DINERO**

CÓMO SE DETERMINA

PIDE € PRESTADO

PRESTAMISTA

EFECTÚA PAGOS

3 REGISTROS PRINCIPALES

CIRBE → INFORME DE CRÉDITO

ASNEF → INFORME DE CRÉDITO

RAI → INFORME DE CRÉDITO

POR QUÉ IMPORTANTE

UTILIZADO POR

PRESTAMISTAS   COMPAÑÍAS DE SEGUROS   PROPIETARIOS   NEGOCIOS POTENCIALES

Historial crediticio

El historial crediticio es, por decirlo de forma sencilla, tu reputación financiera. Refleja tu comportamiento como solicitante de dinero, incluido si sueles pagar tus facturas a tiempo. En otras palabras, los pagos e impagos de todas tus deudas, tanto las presentes como las pasadas.

Por qué es importante

Tu historial crediticio puede ser utilizado por muchas razones y por los siguientes agentes económicos:

› Prestamistas, para decidir si te conceden o no un préstamo.
› Prestamistas, para decidir qué tipo de interés aplicarte.
› Compañías de seguros, para determinar qué tarifa aplicarte.
› Propietarios, para decidir si alquilarte o no una vivienda.

Cómo generar historial crediticio

Sueles generar historial crediticio cada vez que pides dinero prestado. Devolver el préstamo en el plazo acordado te ayuda a generar crédito positivo. No pagar las cuotas a tiempo genera un historial crediticio negativo. Las acciones que pueden afectar a tu crédito son:

› Gastar crédito de tu tarjeta y pagar tu factura mensual.
› Cumplir o no con el pago de cuotas u otro tipo de deuda, como la letra del coche o la hipoteca.
› Descubiertos sin resolver en tu cuenta bancaria.
› Facturas sin pagar o recibos de la luz. (Sí, correcto.)
› Cualquier factura atrasada.

¿Quién lleva un seguimiento de tu crédito?

Los bancos españoles, antes de aprobar una solicitud, podrán consultar y analizar diferentes bases de datos:

› CIRBE (Central de Información de Riesgos del Banco de España): recoge información de los préstamos y créditos bancarios que cada cliente tiene vigentes.
› ASNEF (Asociación Nacional de Establecimientos Financieros de Crédito): es un registro de morosos donde las empresas asociadas pueden incluir a aquellos que no pagan sus facturas en tiempo y forma. Está gestionada por la empresa Equifax.
› RAI (Registro de Aceptaciones Impagadas): fue creado por las asociaciones de entidades financieras de España.

Curiosidades

› Contrario a lo que se podría pensar, llevar registros del historial crediticio impulsó el otorgamiento de crédito. Su operativa dio lugar a diversos mitos provocando una percepción errónea de lo que realmente es.
› La CIRBE no es un registro de morosos, no permite saber si el cliente ha pagado las cuotas o no. Sin embargo, las entidades pueden cruzar datos con otros registros, como el RAI o la ASNEF, para tener una visión clara de las deudas de un cliente.

Conclusiones

› Tu historial crediticio define tu informe como solicitante de préstamos.
› El historial crediticio es importante porque puede afectar a tu fiabilidad a la hora de la concesión de un préstamo o incluso previo a la realización de un negocio.

TARJETAS DE CRÉDITO

CÓMO FUNCIONAN

TARJETA DE CRÉDITO

COMPRAR AHORA

REBAJAS %

PAGAR DESPUÉS

QUÉ PASA SI NO PAGAS

IMPAGO
=
DEUDA
↓
INTERÉS ACUMULADO
=
BAJA LA PUNTUACIÓN DE CRÉDITO

¡RÁPIDO!

TARJETA DE CRÉDITO VS. TARJETA DE DÉBITO

TARJETA DE CRÉDITO

PAGAR DESPUÉS

CUENTA CORRIENTE

TARJETA DE DÉBITO

→ GASTAS DINERO PRESTADO

→ GANAS RECOMPENSAS

→ GENERAS HISTORIAL CREDITICIO

→ PUEDES DEBER INTERESES

→ GASTAS TU DINERO

→ SIN RECOMPENSAS

→ NO GENERAS HISTORIAL CREDITICIO

→ SIN INTERESES

> Los prestamistas dan parte de lo que solicitas y de si pagas o no tus deudas a tiempo a las oficinas de crédito, que recopilan esta información y la incluyen en tus informes de crédito.

Cómo trates a los camareros debería influir en tus puntuaciones de crédito.
—Tus finanzas en una servilleta ☹

Tarjetas de crédito

Una tarjeta de crédito te permite comprar ahora y pagar más adelante, todo sin el jaleo de tener que contar billetes y monedas. Cuando utilizas tu tarjeta de crédito, estás pidiendo un préstamo al emisor (por ejemplo, al banco que ha emitido tu tarjeta). En todo momento, el balance de tu tarjeta es la cantidad total que debes.

Las tarjetas de crédito suelen tener un límite preconfigurado —el balance máximo que puedes acumular—, por ejemplo 5.000 euros. Si intentas gastar más del límite, seguramente la tarjeta sea denegada.

¿Qué ocurre si vence un pago?

Como con cualquier otro tipo de deuda, tienes que pagar el crédito de la tarjeta a tiempo. Si retrasas un pago al mes siguiente, empezará a devengar intereses. Y si no haces al menos un pago mínimo, tu cuenta también empezará a acumular comisiones y hasta puede ser inhabilitada. Los impagos de la tarjeta de crédito son una forma perfecta de hundir tu historial crediticio muy deprisa.

Beneficios de las tarjetas de crédito

Si las usas con cuidado, las tarjetas de crédito pueden tener muchas ventajas:

› Fáciles de usar *online*.
› Ofrecen protección sólida si se pierden o te las roban.
› Te permiten ganar bonificaciones como puntos, millas o dinero.
› Pueden ayudarte a generar historial crediticio.

	Tarjeta de crédito	Tarjeta de débito
¿Qué es?	Dinero prestado que gastas pero tendrás que devolver más adelante.	Dinero que gastas directamente de tu cuenta corriente.
¿Debes intereses?	Pagas intereses si tienes un impago y se acumulan mes a mes.	No se pagan intereses.
¿Ganas beneficios?	Sí, en caso de tratarse de una tarjeta con un sistema de puntos y recompensas.	Normalmente, no.
¿Afecta a tu historial crediticio?	Genera historial bueno si pagas a tiempo y malo si te retrasas en los pagos.	No afecta.
¿Es difícil de conseguir?	Comprueban tu historial crediticio para concedértela.	Generalmente, te emiten una cuando abres una cuenta bancaria.

Tarjetas de crédito y de débito: diferencias

Aunque normalmente las tarjetas de crédito y las de débito se pueden usar de la misma forma —tanto en comercios como en compras *online*—, entre ellas hay diferencias sustanciales.

Curiosidades

› El número de tarjetas de crédito y de débito en circulación en España ha aumentado considerablemente hasta superar los 85 millones de unidades.

› El último dígito de la tarjeta de crédito es un número de control y sirve para confirmar que el número de la tarjeta es válido. Se calcula con los dígitos anteriores en base a un algoritmo inventado por el informático alemán Hans Peter Luhn.

Conclusiones

› Cuando haces un pago con una tarjeta de crédito, estás solicitando un préstamo.

› Como ocurre con cualquier otro tipo de préstamo, tienes que cumplir con los pagos en el plazo determinado o se pueden devengar intereses y penalizaciones.

› Las tarjetas de crédito y las de débito pueden parecer casi idénticas, pero presentan diferencias sustanciales en términos de cargos de interés, efectos en tu historial crediticio y la posibilidad de conseguir beneficios.

La usurpación de identidad daría menos miedo si en lugar de robar
dinero te quitaran la tarjeta de crédito y criaran a tus hijos.
—Tus finanzas en una servilleta 🙂

Cómo mejorar el crédito

Tu informe y tus puntuaciones de crédito describen si tienes un historial impoluto en lo relativo a los pagos de tus préstamos. Los prestamistas y otros agentes económicos pueden recurrir a tu historial crediticio para decidir si es probable o no que cumplas con tus obligaciones financieras. Con un buen historial crediticio, puede ser más sencillo que te concedan una tarjeta de crédito, una hipoteca, o incluso que realices un negocio con alguna empresa.

Cómo mejorarlo

Tanto si tienes un historial crediticio sin tacha como si te enfrentas a problemas financieros, prueba a seguir estos pasos para mejorar tu puntuación:

› Paga todas las facturas dentro del plazo estipulado.
› Paga las cuotas de tu tarjeta de crédito todos los meses.
› Comprueba tu informe de crédito regularmente por si hubiera algún error, como una deuda marcada como pendiente que en realidad ya hayas amortizado. (Siempre existen procedimientos para corregir si la información no es correcta.)
› Acepta un aumento del límite de crédito si el emisor te lo ofrece.

Para salvaguardar tu historial y tu puntuación de crédito, debes intentar no:

› Retrasarte en los pagos (no solo de tus tarjetas de crédito, sino de cualquier cosa).
› Usar más del 30% del límite de crédito en una tarjeta.
› Cancelar las tarjetas de crédito antiguas.
› Solicitar crédito nuevo a menos de que tengas total seguridad de que es el momento idóneo.

MEJORAR EL CRÉDITO

QUÉ

SOLICITANTE

CAPACIDAD DE PAGO

PRESTAMISTA

CÓMO

MEJORARLO

NO

- RECURRAS EN IMPAGOS ❌
- GASTES MÁS DEL 30% DE TU LÍMITE ❌
- CANCELES TARJETAS DE CRÉDITO ANTIGUAS ❌
- SOLICITES TARJETAS DE CRÉDITO NUEVAS A MENOS QUE LAS NECESITES ❌

SÍ

- ✅ PAGA TUS FACTURAS EN PLAZO
- ✅ PAGA EL CRÉDITO DE TU TARJETA TODOS LOS MESES
- ✅ REVISA TU INFORME DE CRÉDITO
- ✅ ACEPTA UN AUMENTO DEL LÍMITE DE CRÉDITO SI TE LO OFRECEN

¿POR QUÉ ES IMPORTANTE?

MEJOR CRÉDITO = TASAS MÁS BAJAS = DINERO AHORRADO

Por qué es importante

Una buena puntuación de crédito puede ayudarte a ahorrar dinero, porque te permite optar a tipos de interés mejores en los préstamos.

Imaginemos dos solicitantes de hipotecas, ambos con la intención de pedir 200.000 euros a 30 años. El solicitante con mejor puntuación de crédito podría ahorrar hasta 100.000 euros en intereses a lo largo del plazo de la hipoteca.

	Plazo	Cantidad	Tipo de interés	Cuota mensual	Intereses totales
Crédito bueno	30 años	200.000 €	5%	1.074 €	186.512 €
Crédito malo	30 años	200.000 €	7,5%	1.398 €	303.434 €

Curiosidades

›   La palabra «crédito» proviene del latín *credere*, es decir, «creer».
›   Mejorar tu crédito podía implicar una mejora de tus perspectivas amorosas si utilizaste CreditScoreDating.com mientras estuvo activa. Era una web de citas para gente a la que le importa mucho el historial financiero de su potencial pareja.

Conclusiones

›   Para mejorar tu historial crediticio, asegúrate de pagar tus facturas en el plazo estipulado y cumplir con tu crédito todos los meses.
›   También puede ser útil evitar solicitar un crédito nuevo, anular tarjetas antiguas o sobrepasar el 30% del límite de tu tarjeta.

> Tener buen historial crediticio puede facilitarte la concesión de un préstamo, pero también puede ayudarte a ahorrar dinero a la hora de pedir una hipoteca u otro préstamo de mayor envergadura.

Ni Roma ni Beyoncé se hicieron en un día, y ninguna tiene buen crédito.
—Tus finanzas en una servilleta ☺

CIRBE

El acrónimo CIRBE significa Central de Información de Riesgos del Banco de España. Es una base de datos que contiene la información de los préstamos, créditos, avales y garantías que asumen las entidades financieras con sus clientes.

Cuando alguien está sujeto al pago de las cuotas de un préstamo, ha adquirido un riesgo, ya que es posible que deje de pagar. Las entidades declarantes tienen la obligación de informar sobre esos riesgos a la CIRBE, operación a operación.

Tipos de riesgo

La CIRBE recoge dos tipos de información:

> Riesgos directos: los que se derivan de un crédito o préstamo solicitado por una persona, es decir, lo adquiere el propio sujeto que solicita la financiación.
> Riesgos indirectos: evalúan el riesgo que adquirimos sobre deudas de otras personas, en forma de avales o garantías.

CIRBE

CENTRAL DE INFORMACIÓN DE RIESGOS DEL BANCO DE ESPAÑA

QUÉ

BASE DE DATOS QUE CONTIENE LOS RIESGOS QUE ASUMEN LAS ENTIDADES FINANCIERAS

TIPOS DE RIESGO

DIRECTOS
DERIVADO DE UN CRÉDITO
SOLICITADO POR UNA PERSONA

¡PRÉSTAMO!

INDIRECTOS
DERIVADO DE DEUDAS
DE OTRA PERSONA

QUIÉN

BANCO CENTRAL EUROPEO

ENTIDADES FINANCIERAS

CIUDADANOS

¿Quién puede acceder a la información de la CIRBE?

La CIRBE es una base de datos pública, puesto que cualquiera puede acceder a la información registrada sobre sí mismo, a la vez que extremadamente confidencial y segura, ya que no se puede acceder a los datos de otras personas. Los usuarios son:

› Entidades financieras: los bancos, a la hora de otorgar un crédito o un préstamo, consultan la CIRBE para evaluar el riesgo que van a contraer contigo y así tomar mejores decisiones.

› Los ciudadanos: el propio titular tiene el derecho de acceso gratuito a sus datos y de rectificación en caso de discrepancia. Se puede solicitar en las sedes del Banco de España, por correo postal y en la web del Banco de España.

> › Banco de España: muy útil para la elaboración de informes y estudios estadísticos, al tiempo que facilita el ejercicio de la supervisión e inspección del sistema financiero.

Curiosidades

› En 2019 hubo 47,7 millones de operaciones registradas en la CIRBE. Aparecer en los registros no conlleva ningún aspecto negativo, simplemente es una base de datos informativa.

› En 2008 Enric Durán pidió 68 préstamos diferentes a 39 entidades financieras con las excusas más diversas y nóminas falsas. Consiguió 492.000 euros sin que el sistema de control detectara este endeudamiento exagerado. Declaró que no devolvería el dinero y que lo entregaría para financiar diversas iniciativas.

Conclusiones

› La CIRBE tiene por finalidad recabar de las entidades declarantes datos e informaciones sobre los riesgos de préstamos, créditos, avales y garantías.

› El objetivo principal es facilitar a esas entidades datos necesarios para el ejercicio de su actividad. Asimismo, permitir a la autoridad el adecuado ejercicio de sus competencias de supervisión e inspección.

No hay nada menos atractivo que la halitosis o un registro CIRBE de alto riesgo.
—Tus finanzas en una servilleta ☺

Cuestionario

1. **El historial crediticio es:**
   a. El nombre de la persona que inventó la tarjeta de crédito.
   b. Tu historial delictivo.
   c. Tu reputación como solicitante de préstamos.
   d. Una secuela de *Rocky*.

2. **Los tres registros de crédito son los siguientes excepto:**
   a. Transamerica.
   b. RAI.
   c. CIRBE.
   d. ASNEF.

3. **Verdadero o falso: el impago de una factura de luz puede acabar siendo una mancha en tu informe de crédito.**
   ○ Verdad   ○ Falso

4. **Puedes hacer todas estas cosas para mejorar tu historial crediticio excepto:**
   a. Pagar tus facturas.
   b. Solicitar una tarjeta de crédito nueva cada vez que un comercial te ofrezca una.
   c. Pagar el crédito de tu tarjeta a tiempo todos los meses.
   d. Revisar tu informe de crédito de forma periódica para comprobar que no haya errores.

5. **Estas son cosas que no deberías hacer porque afectarán negativamente a tu puntuación de crédito salvo una:**
   a. Tener impagos.
   b. Agotar el crédito de tu tarjeta.
   c. Congelar tu tarjeta de crédito dentro de un bloque de hielo para no usarla.
   d. Solicitar una tarjeta de crédito nueva cada vez que un comercial te ofrezca una.

6. **Otras personas o empresas pueden consultar tu historial crediticio cuando:**
   a. Has solicitado un préstamo a una entidad bancaria.
   b. Te compras un coche nuevo con dinero en efectivo.
   c. Figuras en los créditos de una película por haber participado en su rodaje.
   d. Estás redactando tus votos matrimoniales.

7. **Verdadero o falso: cancelar tarjetas viejas que ya no usas puede ayudar a mejorar tu puntuación de crédito.**
   ○ Verdadero ○ Falso

8. **Cuando pagas con tarjeta de crédito estás:**
   a. Pasándotelo en grande mientras esperas que funcione el datáfono.
   b. Demostrando lo rico, fantástico y despreocupado que eres.
   c. Gastando dinero del Monopoly.
   d. Pidiendo dinero prestado a la entidad emisora que luego tendrás que devolver.

9. **Retrasarte en un pago de tu tarjeta de crédito es:**
   a. Jugársela.
   b. Una nimiedad si no lo haces más de una vez al año.
   c. La muerte.
   d. Grave, y debes evitarlo, aunque es algo de lo que te puedes recuperar.

10. **Verdadero o falso: usar tarjetas de crédito de forma responsable puede ayudarte a tener un buen historial crediticio.**
    ○ Verdadero   ○ Falso

11. **Verdadero o falso: por lo general, pagar con tarjeta de débito te permite ganar recompensas.**
    ○ Verdadero   ○ Falso

12. **El registro CIRBE es:**
    a. El único factor determinante a la hora de alcanzar el éxito y la felicidad en la vida.
    b. Tu información de préstamos, créditos, avales y garantías con entidades financieras.
    c. Un indicador de tu sueldo.
    d. La puntuación más alta que puedes conseguir en Fortnite.

13. **Los usuarios que pueden consultar la información de la CIRBE son:**
    a. Todo el que revise los listados en la web del Banco de España.
    b. La asociación de periodistas.
    c. El propio titular del registro, las entidades financieras y el Banco de España.
    d. Los miembros de los partidos políticos para denunciar a sus opositores.

14. **Verdadero o falso: es mejor tener un historial crediticio breve porque demuestra que no recurres al crédito a menudo.**
    ○ Verdadero   ○ Falso

15. **CIRBE es un acrónimo de:**
    a. Círculo de Incompetentes Reacios al Bienestar Especial.
    b. Crédito e Inversiones con Registro Bajo Estatuto.
    c. Cooperativa Integral de Resistencia Bien Estructurada.
    d. Central de Información de Riesgos del Banco de España.

Respuestas

1. c	**4.** b	**7.** F	**10.** V	**13.** c
2. a	**5.** c	**8.** d	**11.** F	**14.** F
3. V	**6.** a	**9.** d	**12.** b	**15.** d

Compra barato, vende caro

INVERSIÓN

INVERSIÓN

QUÉ

HACER TRABAJAR A TU DINERO

PONES DINERO

¡¡RENDIMIENTOS!!

INVERSIÓN

TIEMPO...

POR QUÉ

MEJORES RENDIMIENTOS POTENCIALES

AHORROS

BONOS

ACCIONES

CURIOSIDAD
EL ARTE PUEDE SER UNA GRAN INVERSIÓN

¡UN CUADRO DE BANSKY **DUPLICÓ**
SU VALOR DESPUÉS DE SER RASGADO!

CÓMO FUNCIONA

AUMENTA TU PORCIÓN DE LA TARTA

LA INVERSIÓN CRECE
= TU PARTICIPACIÓN CRECE

Inversión

Invertir es hacer trabajar el dinero con la esperanza de ganar un rendimiento.

Probablemente ya hayas invertido en todo tipo de cosas. Cuando inviertes en tu educación, el rendimiento que esperas ganar puede ser un sueldo más alto o un trabajo prometedor en el futuro. Cuando inviertes en un par de zapatos de un diseñador, puedes esperar ganar rendimiento en forma de cumplidos o estatus social.

En lo relativo a tus finanzas, sin embargo, invertir significa hacer trabajar tu dinero en forma de acciones, bonos u otro tipo de negocio, con la esperanza de ganar un beneficio.

> «Si la inversión es entretenida, si te estás divirtiendo, es probable que no estés ganando dinero. Una buena inversión es aburrida.»
>
> —GEORGE SOROS, INVERSIONISTA MULTIMILLONARIO

¿Por qué es bueno invertir?

Invertir puede ser una buena forma de incrementar tu riqueza, porque las inversiones como las acciones y los fondos de inversión, aunque siempre conllevan riesgo, han proporcionado tradicionalmente grandes rendimientos en períodos largos. Piensa en cómo puede crecer tu dinero si lo depositas en una cuenta de ahorros a un 0,1% de interés frente

	Inversión inicial	Tasa de rendimiento	Duración inversión	Duración inversión
Ahorros	10.000 €	0,1% / año	20 años	10.202 €
Acciones	10.000 €	10% / año	20 años	67.275 €

a la opción de invertirlo en acciones estadounidenses, que tienen un rendimiento anual medio a largo plazo de un 10%.

Por supuesto, en el mundo real las inversiones pueden disminuir el capital además de incrementarlo, y generalmente no dan rendimientos regulares todos los años. Pero, a largo plazo, invertir puede servir para multiplicar el dinero más rápido que por otros medios.

Cómo funciona la inversión

La bolsa suele subir a largo plazo porque la economía generalmente mejora, gracias al crecimiento de la población y a los avances tecnológicos. Cuanta más gente hay en el mundo, más gente está consumiendo. Y los avances tecnológicos pueden mejorar la productividad de los trabajadores e impulsar nuevos descubrimientos. Estos dos factores ayudan a las empresas a vender más y a aumentar sus beneficios con el paso del tiempo. La inversión te permite llevarte tú también una parte de este crecimiento.

Este es el proceso básico:

Paso 1: para invertir, compras una participación en una empresa (por ejemplo, comprando acciones) o prestas dinero a la empresa (comprando un bono).

Paso 2: la empresa vende su producto y crece.

Paso 3: tu participación vale más, así que la puedes vender y ganar un beneficio. O bien la empresa te devuelve el dinero que le prestaste, con intereses.

Invertir es más que la bolsa. Puedes invertir en bienes inmuebles, en divisas, en coches de época, en arte y mucho más.

Curiosidades

› El arte puede ser una gran inversión. El cuadro de Banksy *Niña con globo* duplicó su valor después de que lo rasgaran en una subasta de Sotheby en 2018.

› No tienes que ser rico para hacerte rico. Warren Buffett construyó su fortuna con lo que ganaba de chico como vendedor de periódicos. Realizó su primera inversión en bolsa a los once años (en Cities Service, una petrolera que terminó convirtiéndose en Citgo).

Conclusiones

› Invertir es hacer que tu dinero trabaje con la esperanza de ganar un beneficio o rendimiento.

› Depositar tu dinero en acciones, bonos u otras inversiones puede proporcionarte un gran incremento con el paso del tiempo.

› Invertir funciona porque la economía suele tener una tendencia de crecimiento, con lo que las empresas venden más y ganan más beneficios.

Llama a tu agente si quieres que te den consejos sobre inversiones, y llama a tu madre si quieres consejos sobre tu vida que no le has solicitado.
—Tus finanzas en una servilleta ☺

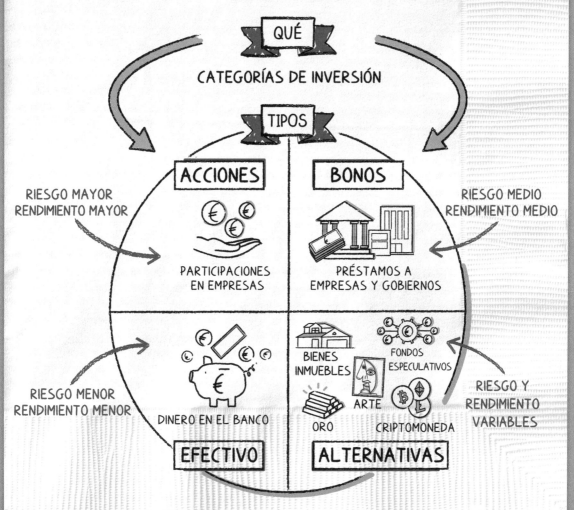

Tipos de activos

Los tipos de activos son las categorías principales de inversión. Son los bloques de construcción de la inversión, que puedes utilizar para crear un portfolio o un grupo bien nutrido de inversiones.

Principales tipos de activos

Acciones

› Cuando compras una acción, te conviertes en socio de una empresa (tienes una participación en la misma).

› Ganas rendimiento si el valor de la acción sube, algo que suele pasar si aumentan los beneficios de la empresa.

› Algunas acciones también pagan dividendos, una pequeña cantidad de efectivo o de valores que se distribuyen entre los accionistas de forma periódica.

› Muchas, aunque no todas, cotizan en bolsa, por ejemplo, en la Bolsa de Madrid. Otras se comercian de manera privada entre los interesados, aunque en estos casos el riesgo suele ser más elevado.

Bonos

› Cuando compras un bono, pasas a ser prestamista de la entidad que emite el bono (generalmente, una empresa o el estado).

› Con la mayoría de los bonos, ganas rendimiento cuando el bono devenga interés.

› Generalmente, te devuelven tu inversión inicial cuando el bono vence.

› En un inicio los bonos se negocian y se emiten. Posteriormente puedes comprarlos o venderlos con los agentes de bolsa a un porcentaje de su valor original.

Efectivo

› El efectivo incluye el dinero que llevas en la cartera y también el que tienes en el banco.

› Si guardas el dinero en una cuenta que devengue intereses, le sacarás algo de rendimiento.

› A diferencia de las acciones y los bonos, el dinero que tienes en el banco suele estar asegurado hasta 100.000 euros, así que es dinero seguro.

Alternativas

› Las inversiones alternativas pueden incluir los bienes raíces, los fondos especulativos, las criptomonedas y otros bienes como el oro u otra cosa que no encaje en ninguno de los otros tipos.

› Con los bienes inmuebles, puedes ganar rendimiento cuando los inquilinos pagan el alquiler.

› Otros tipos de alternativas, como la criptomoneda o el oro, no generan rendimiento, sino que los inversores confían en que suban de precio.

Curiosidades

› Si puedes soñarlo, puedes invertir en ello: a lo largo de la historia, ha habido fondos de inversión para el clima, para el precio de la cerámica china antigua y para la muerte de gente.

› Aunque los bienes inmuebles a veces se venden como una inversión segura, las acciones pueden generar más rendimiento a largo plazo.

Conclusiones

› Los tipos de activos, como las acciones y los bonos, son los bloques de construcción de la inversión.

› Una acción es una participación en una empresa y suele incrementar su valor a medida que crecen los beneficios de la empresa.

› Un bono es un préstamo emitido por un particular a una empresa u otra entidad, y genera un rendimiento cuando el solicitante devuelve la deuda.

› Muchas otras inversiones se incluyen en la categoría miscelánea de inversiones alternativas.

Los tipos de activos más habituales son las acciones, los bonos, los bienes inmuebles, el efectivo y en ningún caso son activos ni pasivos literalmente hablando. —Tus finanzas en una servilleta ☺

Diversificación

La diversificación es la práctica de repartir el dinero entre distintos tipos de inversiones. Es la versión inversora de repartir tus apuestas.

Beneficios de la diversificación

Los expertos en inversión están en desacuerdo en muchas cosas, pero suelen coincidir en que diversificar es una buena estrategia. He aquí algunas de sus ventajas:

«No busques la aguja en el pajar. Compra el pajar.»

—JOHN BOGLE,
INVENTOR DE
LOS FONDOS ÍNDICE

› Riesgo reducido. Cuanto más dispersas el dinero, menos te arriesgas a perderlo si una o dos de tus inversiones se hunden.

› Mejores oportunidades de encontrar ganadores. Todos los inversores quieren descubrir el próximo Google o Amazon. Cuantas más inversiones hagas, más probabilidades tendrás de conseguirlo.

DIVERSIFICACIÓN

QUÉ

UNA FORMA DE
MINIMIZAR RIESGOS

ACCIONES

BONOS

€

EFECTIVO

REPARTIENDO LAS
INVERSIONES

ALTERNATIVAS

MÉTODOS

TIPOS DE ACTIVOS   GEOGRAFÍA   INDUSTRIA   TAMAÑO DE
LA EMPRESA

EN OTRAS
PALABRAS

¡¡NO METAS TODOS LOS HUEVOS EN LA MISMA CESTA!!

> Rendimiento más fluido. Cualquier inversión puede revalorizarse o caer de un año para otro. Pero tener una amplia variedad hace que los posibles reveses sean menos perjudiciales.

Formas de diversificar

Puedes diversificar según:

Tipos de activos	Plantéate poseer una mezcla de acciones, bonos, efectivo e inversiones alternativas.
Geografía	Puedes invertir en tu país, pero si este sufre una recesión, te vendrá bien haber hecho inversiones en otros países.
Industria	Algunos años, las compañías tecnológicas pueden ser las inversiones con mejor rendimiento, pero otros pueden serlo las petroleras (u otra industria). Tiene lógica repartir tu inversión entre distintos sectores.
Tipo de emisor de bonos	En lo referente a los bonos, puede ser interesante tener una mezcla de bonos empresariales, del estado central y de gobiernos locales.
Tamaño de la empresa	Las empresas pequeñas suelen funcionar mejor cuando la economía es fuerte, mientras que las grandes empresas aguantan mejor en tiempos de recesión económica. Puedes invertir en ambas.

Curiosidades

> La palabra «diversificación» viene del latín *diversus*, que significa «girado de muchas formas», y *faciō*, «hacer».

> Algunos inversores diversifican con los metales preciosos. El oro suele funcionar bien en momentos de crisis en las bolsas, cuando los inversores buscan un refugio.

Conclusiones

› Diversificar es repartir el dinero en distintos tipos de inversión.
› Entre los beneficios de la diversificación está un menor riesgo, mayores oportunidades de invertir en activos triunfadores y un rendimiento más fluido.
› Puedes diversificar invirtiendo en distintos tipos de activos, países e industrias, entre otras formas.

La diversificación es una gran estrategia de inversión, así como una deliciosa táctica a la hora de preparar una bandeja de quesos.
—Tus finanzas en una servilleta

Riesgos vs. recompensa

Todas las inversiones entrañan un riesgo. Con las inversiones financiaries, el riesgo suele estar vinculado a la recompensa. Eso significa que las inversiones con las que puedes ganar más rendimiento suelen ser también con las que puedes perder más. Y las inversiones seguras no suelen generar mucho rendimiento.

¿Qué es el riesgo?

Los inversores suelen pensar en el riesgo como la capacidad de oscilación de precio de una inversión, a eso se le llama «volatilidad».

Algunos expertos defienden que la volatilidad no incluye todos los tipos de riesgo. La verdad es que los tratos de los inversores con Bernie Madoff (el responsable de uno de los mayores fraudes de inversión de la historia) generaron muy poco rendimiento. Y, técnica-

RIESGOS VS. RECOMPENSA

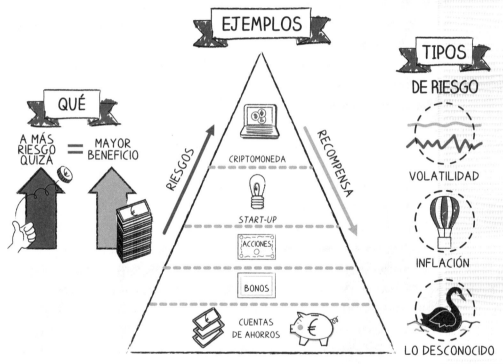

EJEMPLOS

TIPOS DE RIESGO

QUÉ

A MÁS RIESGO QUIZÁ = MAYOR BENEFICIO

RIESGOS

RECOMPENSA

CRIPTOMONEDA

START-UP

ACCIONES

BONOS

CUENTAS DE AHORROS

VOLATILIDAD

INFLACIÓN

LO DESCONOCIDO

PRECAUCIÓN

¡LA INVERSIÓN SIEMPRE ENTRAÑA RIESGO!

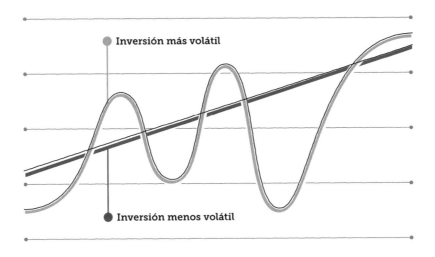

Inversión más volátil

Inversión menos volátil

mente, una inversión que pierde dinero persistentemente puede ser considerada como de «bajo riesgo» según esta definición.

Pero la volatilidad sigue siendo la mejor forma de entender qué inversiones son de alto riesgo y cuáles de bajo riesgo.

Inversiones en función del riesgo/rendimiento

Puesto que el riesgo y la recompensa van de la mano, se pueden clasificar los tipos de inversión en función del riesgo y el rendimiento potencial.

Encontrar el equilibrio adecuado entre el riesgo y el rendimiento es sin duda lo más importante de la inversión. El equilibrio entre riesgo y recompensa lo marca la asignación de activos, un tema que trataremos a continuación.

Tipo de inversión	Nivel de riesgo	¿Por qué?
Criptomoneda	XXXXX	Algunas criptomonedas acaban perdiendo todo su valor. Otras pueden hacerte millonario de la noche a la mañana.
Start-ups	XXXX	Algunas *start-ups* tendrán un éxito arrollador, otras se hundirán y otras se quedarán a medio camino.
Acciones	XXX	Las acciones pueden fluctuar de precio y a veces caen en picado, pero a largo plazo suelen generar rendimientos.
Bonos	XX	Los bonos pueden subir o bajar de precio, pero fluctúan mucho menos que las acciones. A largo plazo suelen ganar y, además, ganas rendimiento cuando el bono devenga interés.
Cuentas de ahorros	X	Las cuentas de ahorros están aseguradas a nivel estatal hasta un máximo de 100.000 euros, así que tienes un 0% de probabilidades de perder dinero si no pasas ese límite. Pero puedes ganar apenas un pequeño porcentaje anual.

Curiosidades

› A pesar de la relación riesgo/recompensa, las mujeres suelen ser más conservadoras a la hora de invertir que los hombres, pero aun así consiguen más rendimientos (de media), posiblemente porque, una vez que compran, mantienen sus inversiones.

› ¿Te acuerdas de la frase «si puedes soñarlo, puedes invertir en ello»? Algunas estrategias te permiten invertir en la propia volatilidad, es decir, ganas dinero cuando el mercado se vuelve loco y pierdes dinero cuando está estable.

Conclusiones

› Invertir siempre entraña un riesgo.

› Generalmente, las inversiones que tienen más probabilidades de hacerte ganar dinero entrañan más riesgo.

› Muchos inversores piensan en el riesgo en términos de cómo fluctúa el precio de una inversión, pero hay otros tipos de riesgo.

Es importante poner en una balanza los riesgos y los beneficios cuando
inviertes y cuando compras comida en puestos callejeros.
—Tus finanzas en una servilleta ☺

Asignación de activos

La asignación de activos es una forma de describir tus posesiones en términos porcentuales. Si tienes 1.000 euros a tu nombre y todo está en tu cuenta de ahorros, tienes una asignación del 100% al efectivo. Si en cambio tienes 10.000 euros y la mitad de ellos están invertidos en tu colección de zapatos, tienes una asignación del 50% al calzado (y un compromiso del 100% a ir siempre de punta en blanco).

Cuando se habla de asignación de activos, nos referimos generalmente a cuentas de inversión. Elegir una asignación de activos correcta radica en medir los riesgos que se asumen.

Beneficios

Las ventajas de tener una asignación de activos apropiada son:

› Mejora tus rendimientos.

ASIGNACIÓN DE ACTIVOS

QUÉ

DIVIDIR TU DINERO €€
EN DISTINTOS TIPOS DE ACTIVOS

ACCIONES

BONOS

CARTERA

EFECTIVO

OTROS

REGLA DE ORO

CÓMO

120 — TU EDAD = PORCENTAJE QUE DEBERÍAS TENER EN ACCIONES

HORIZONTE
TEMPORAL

+

PROPENSIÓN
AL RIESGO

= TU MEJOR
CARTERA

BENEFICIOS — MÁS RENDIMIENTO — RIESGO REDUCIDO — GANAR CONFIANZA — CEÑIRTE AL PLAN

- › Reduce el riesgo de tu cartera.
- › Te ayuda a confiar en tu estrategia.
- › Facilita que te ciñas a un plan de inversiones (que también es bueno para los rendimientos).

Cómo decidir la asignación de activos

Tu asignación de activos debe venir determinada por dos factores: el horizonte temporal y tu propensión al riesgo.

- › Horizonte temporal: cuanto más tiempo tengas hasta que vayas a necesitar vender tus bienes de inversión, más riesgos puedes correr. Por ejemplo, si tu horizonte temporal es largo, puedes esperar a que tus inversiones se recuperen si el mercado se hunde.
- › Propensión al riesgo: si crees que te daría un ataque de pánico al ver descalabrarse tus inversiones, probablemente no quieras tener ninguna que entrañe demasiado riesgo. Si puedes vivir con las fluctuaciones de precio, podrás correr más riesgos.

La decisión final

Una vez que hayas decidido cuántos riesgos quieres correr, podrás elegir tu mejor asignación de activos.

Curiosidades

- › A Warren Buffet le gusta tener una asignación de activos sencilla. Ha dicho que una cartera con el 90% de los activos invertidos en el índice bursátil Standard & Poor's 500 (S&P 500) y un 10% en bonos del Tesoro puede dar mejores resultados que las de los gestores de dinero más caros.

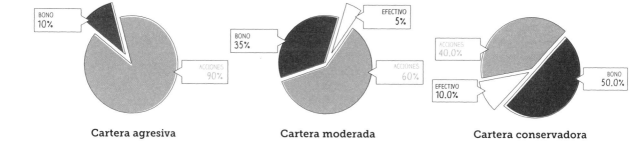

Cartera agresiva   **Cartera moderada**   **Cartera conservadora**

› Una regla de oro para decidir la asignación de activos es restarle a 120 tu edad.
  Ese número corresponde al porcentaje que deberías tener en acciones. El resto
  inviértelo en bonos.

Conclusiones

› La asignación de activos es una descripción de tus inversiones en términos
  porcentuales.
› Una buena asignación de activos puede hacer que obtengas mejor rendimiento
  y ayudarte a ganar confianza en tus inversiones.
› Elegir una buena asignación de activos radica en correr los riesgos adecuados,
  para lo que debes tomar como referencia tu horizonte temporal y tu propensión
  al riesgo.

Algunos ejemplos de cuidado personal: meditación, exfoliación y asignación
de activos. —Tus finanzas en una servilleta ☺

ROBO ADVISOR

INVERSIÓN AUTOMATIZADA

 **QUÉ**

UN PROGRAMA INFORMÁTICO PARA GESTIONAR INVERSIONES

CÓMO

PASO 1
CONTESTA LAS PREGUNTAS

PASO 2
EL *ROBO ADVISOR* GENERA UN MODELO DE CARTERA

PASO 3
LA GESTIÓN SE AUTOMATIZA

 ROBO ADVISOR **VS.** ASESOR HUMANO

IMPARCIAL  PERSONALIZADO

TARIFA BAJA   TARIFA MODERADA

EFICACIA FISCAL   APOYO EMOCIONAL

Robo advisor

Un *robo advisor* es una empresa de gestión de la inversión que utiliza un programa informático, en lugar de un ser humano, para gestionar los activos.

Las *start-ups,* como Betterment and Wealthfront, inventaron el concepto del *roboadvising* en 2008 en Estados Unidos. El modelo se ha replicado en todo el mundo y España no ha sido la excepción, que tuvo con Feelcapital su primera empresa de inversión automatizada en 2014.

Cómo funciona

Paso 1: crear una cuenta en línea con un *robo advisor* y abrir una cuenta.

Paso 2: contestar a unas pocas preguntas básicas sobre tus objetivos de inversión, tu horizonte temporal y tu propensión al riesgo.

Paso 3: basándose en tus respuestas, el *robo advisor* crea una cartera de inversión. A menudo, los *robo advisors* tienen varias estrategias y carteras de inversión diferentes prediseñadas con las que trabajan.

Paso 4: el *robo advisor* invierte tus fondos en la cartera elegida.

Paso 5: el *robo advisor* hace un seguimiento de tu cartera y puede realizar operaciones en función de los movimientos del mercado, tu estrategia o los cambios en tu perfil de riesgo.

Contrapartidas

Comparado con un asesor financiero tradicional (humano), un *robo advisor* tiene algunas diferencias importantes.

	Robo advisor	Asesor tradicional
Comisión	Generalmente baja.	Puede ser entre moderada y alta.
Calidad del asesoramiento	Imparcial y objetivo.	Personalizado y subjetivo.
Opciones de inversión	Limitadas, pero suelen ser opciones fiables.	La variedad y la calidad varían en función del asesor.
Bonus	Muchos usan estrategias especiales de inversión para minimizar los impuestos que pagas por las ganancias que se generan.	Si te preocupan tus inversiones, tienes a alguien conocido y en quien confías con quien poder hablar.
Puede ser mejor si...	Tus necesidades son sencillas y te sientes seguro a la hora de invertir.	Tus necesidades son más complejas y quieres apoyarte en alguien.

Curiosidades

› Los activos gestionados por *robo advisors* han subido como la pólvora, de 0 en 2008 a 1.000 millones de dólares en 2017, y se calcula que podrían alcanzar los 16.000 millones en 2025.

› Algunos *robo advisors* han empezado a ofrecerles a los clientes acceso telefónico con asesores financieros (aunque los ordenadores siguen siendo los que toman las decisiones), porque hasta los milenials a veces quieren interactuar con un humano.

Conclusiones

› Un *robo advisor* es un gestor de inversiones que utiliza la automatización para administrar los fondos.

› Los *robo advisors* pueden tener una serie de carteras o estrategias prediseñadas entre las que elegir en función del perfil de riesgo del usuario.

› En comparación con los asesores humanos, los *robo advisors* suelen ser más baratos, pero ofrecen menos apoyo emocional.

Los *robo advisors* son perfectos para ti si quieres asesoramiento financiero sin tener que quitarte el pijama. —Tus finanzas en una servilleta ☺

Cuestionario

1. **Invertir es:**
   a. Básicamente lo mismo que apostar, solo que más aceptado socialmente.
   b. Una forma segura de entrar a formar parte del 1%.
   c. Meter monedas de 2 euros en un bote y sentarse a esperar a que hagan bebés.
   d. Hacer trabajar al dinero con la esperanza de obtener un rendimiento.

2. **Verdadero o falso: las cuentas de ahorros son una buena inversión a largo plazo porque mantienen tu dinero a buen recaudo:**
   ○ Verdadero   ○ Falso

3. **Los principales tipos de activos de inversión son:**
   a. Acciones y fondos.
   b. Acciones, bonos, efectivo y alternativos.
   c. Efectivo debajo del colchón, monedas en un calcetín viejo y lingotes de oro enterrados en el jardín.
   d. Khloé, Kim, Kourtney, Kendall y Kylie.

4. **Una acción es:**
   a. Una participación fraccional en una empresa.
   b. El nombre del calcetín viejo donde guardas los certificados de tus acciones.
   c. Un ingrediente de la sopa.
   d. Un tipo de cuenta donde puedes depositar tus acciones libres de impuestos.

5. **Las inversiones alternativas incluyen todas las siguientes excepto:**
   a. Los fondos de cobertura.
   b. Las joyas.
   c. Las acciones.
   d. Objetos de culto de Nirvana.

6. **La diversificación es:**
   a. Una estrategia de compra y venta a lo largo de la jornada en la bolsa para maximizar tus ganancias.
   b. Una estrategia consistente en repartir tu dinero en distintos tipos de inversiones.
   c. Una estrategia para pagar menos impuestos por tus inversiones.
   d. Lo que faltaba en la serie *Friends*.

7. **Verdadero o falso: la diversificación puede reducir el riesgo de tu cartera y equilibrar tus rendimientos.**
   ○ Verdadero   ○ Falso

8. **Se puede diversificar de todas las formas siguientes excepto:**
   a. Invertiendo en distintos países.
   b. Invertiendo en distintas industrias.
   c. Invertiendo en algunas empresas pequeñas y en otras grandes.
   d. Invertiendo en empresas con nombres que empiecen por letras distintas.

9. **Verdadero o falso: las inversiones que suelen generar más rendimiento también tienen un riesgo más bajo.**

   ○ Verdadero   ○ Falso

10. **Se suele pensar en el riesgo en términos de la oscilación del precio de una inversión. Eso recibe el nombre de:**

    a. Motilidad.
    b. Hipermovilidad.
    c. Volatilidad.
    d. Fertilidad.

11. **Un tipo de inversión muy arriesgado es:**

    a. Cuentas de ahorro.
    b. Criptomoneda.
    c. Bonos.
    d. Acciones.

12. **Un tipo de inversión muy seguro es:**

    a. Motos *vintage*.
    b. Bonos basura.
    c. Acciones de MoviePass.
    d. Cuentas de ahorro.

13. **La asignación de activos describe:**

    a. Los tipos de inversiones que posees en términos porcentuales.
    b. Qué inversiones tienes en cuentas nacionales y cuáles en paraísos fiscales.
    c. Las mejores opciones de tu perfil en una app de citas.
    d. Un tipo nuevo de cirugía estética.

14. **La asignación de activos más adecuada para ti viene determinada por:**

    a. Cuánto dinero tienes y cuán afortunado te sientes.
    b. Tu edad biológica menos tu nivel de madurez actual.
    c. Tu horizonte temporal y tu propensión al riesgo.
    d. Los seguidores que tienes en Instagram.

15. **Verdadero o falso: puedes orientarte para decidir tu asignación de activos en función de tu edad.**

    ○ Verdadero   ○ Falso

16. **Los *robo advisors* son:**

    a. Algoritmos que eligen acciones ganadoras.
    b. Empresas que pueden gestionar tus inversiones mediante la automatización.
    c. Mascotas digitales que puedes comprar y vestir en la *app robo advisor*.
    d. La raza de robots alienígenas que colonizó la Tierra hace 5 millones de años.

17. **Entre las ventajas de los *robo advisors* se incluye todo lo siguiente excepto:**

    a. Tarifas reducidas.
    b. Asesoramiento imparcial.
    c. Potencial minimización de impuestos.
    d. Amplia variedad de opciones de inversión.

18. **Una de las mayores ventajas de los asesores humanos frente a los *robo advisors* es:**

    a. Protecciones regulatorias más fuertes.
    b. Puedes llorar literalmente en su hombro si tus inversiones se hunden.
    c. Tarifas más bajas.
    d. Es una persona viva a la que gritar.

Respuestas

1. d	6. b	11. b	16. b
2. F	7. V	12. d	17. d
3. b	8. d	13. a	18. b
4. a	9. F	14. c	
5. c	10. c	15. V	

El viaje bursátil

LA BOLSA

ACCIONES

QUÉ

PARTICIPACIÓN DE UNA EMPRESA

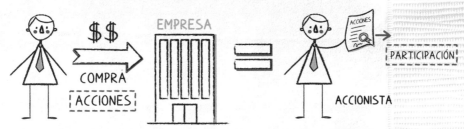

COMPRA ACCIONES — EMPRESA — ACCIONISTA — PARTICIPACIÓN

POR QUÉ

INVERTIR

 SUBIDA DE PRECIO + DIVIDENDOS

REGLA N.º 1
NUNCA PIERDAS DINERO

REGLA N.º 2
¡NUNCA OLVIDES LA REGLA N.º 1!

WARREN BUFFETT

¿CÓMO SE VALORAN LAS ACCIONES?
CONSIDERACIONES

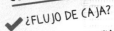 ✓ ¿FLUJO DE CAJA?

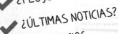 ✓ ¿ÚLTIMAS NOTICIAS?

 ✓ ¿BENEFICIOS FUTUROS?

Acciones

Ya hablamos de las acciones en el capítulo 3. Las acciones son participaciones en una empresa. Si compras una acción, por ejemplo, de Amazon, y Amazon tiene un total de un millón de acciones, posees una millonésima parte de la empresa. (En realidad Amazon tiene unos 500 millones de acciones.)

Por qué invertir en acciones

La gente invierte en acciones porque espera ganar más rendimiento de su dinero que con una alternativa más segura, como las cuentas de ahorros. Los inversores sacan rendimiento de las acciones principalmente por dos vías:

> › Subidas de precio: si compras una acción cuando el precio está fijado en 100 euros, sube a 150 y la vendes, habrás ganado un beneficio del 50%.
> › Dividendos: algunas empresas pagan una fracción de sus beneficios a los accionistas en forma de dividendos. Si tienes una acción de 100 euros que genera 2 euros cuatro veces al año, estarás ganando un 8% anual.

Por qué cambia el precio de las acciones

Podemos pensar en la bolsa como en una subasta gigante que nunca termina. Cada jornada en la bolsa, las acciones de Amazon (y de cualquier otra compañía que esté en bolsa: ver el epígrafe sobre la OPV en este mismo capítulo) están a la venta, y los posibles compradores y vendedores pujan en función de lo que están dispuestos a pagar o a percibir por las acciones.

El intercambio entre compradores y vendedores es lo que mantiene la bolsa en funcionamiento. Si un grupo de inversores cree que la acción de Amazon vale 3.000 euros, probablemente esté dispuesto a pagar 2.000. Si otro grupo de inversores cree que la acción solo vale 1.500 euros, probablemente esté también dispuesto a venderla por 2.000.

¿De dónde sacan los inversores sus opiniones acerca de lo que vale una acción? La gente no se pone de acuerdo sobre cuál es la mejor forma de averiguar el valor de una acción, pero una de las formas más habituales es calcular los beneficios de la empresa en el futuro, y luego decidir cuánto estás dispuesto a pagar por dichos beneficios. Si en los medios se habla de un mal desarrollo de esa empresa, los inversores bajarán sus prospecciones de los beneficios futuros y el precio de la acción caerá. Si, por el contrario, hay buenas noticias, ocurrirá lo contrario.

Términos clave

Estos son algunos términos que hay que conocer acerca de las acciones:

› Dividendo: lo que una empresa paga periódicamente a sus accionistas. (No todas las empresas pagan dividendos. Las empresas más nuevas prefieren conservar el dinero para poder utilizarlo en hacer crecer la empresa.)
› Ganancias por acción: los beneficios totales de una empresa durante un período concreto divididos por el número de acciones. Es un cálculo de qué fracción de los beneficios «le corresponde» a cada accionista (en teoría; los inversores no reciben esa cantidad en realidad).
› Precio de la acción: el precio de la acción en bolsa.
› Acciones y participaciones: ambas cosas significan lo mismo.
› Símbolo bursátil: un conjunto de letras que identifica unas acciones en concreto. Si quieres comerciar con una acción de Amazon, tienes que buscar su símbolo, AMZN, con tu agente.

Curiosidades

› Algunas empresas se vienen arriba con sus símbolos bursátiles, como Harley Davidson (HOG, que en inglés significa «moto»), la empresa de colchones Sealy (ZZ) y Heineken (HEINY).

› Un error habitual que suelen cometer los corredores es añadir ceros de más en una transacción, como cuando un corredor de Lehman Brothers introdujo una orden por 300 millones de libras en lugar de 3 millones y borró 30.000 millones de libras de un plumazo de la Bolsa londinense.

Conclusiones

› Las acciones son participaciones fraccionales de una empresa.
› Los inversores ganan dinero de las acciones a través de los dividendos y las subidas de precio.
› El precio de las acciones lo controlan en gran medida las expectativas de los inversores con respecto a los beneficios futuros de las empresas.

Cuidado cuando hables con tu agente, no le digas que vas a la compra, no vaya a entender «¡compra, compra!». —Tus finanzas en una servilleta ☺

La bolsa

La bolsa de valores es el conjunto de mercados físicos y electrónicos donde compradores y vendedores comercian las acciones. La mayoría (aunque no todas) de las operaciones mundiales se llevan a cabo en los distintos mercados bursátiles. Si el mercado de valores es como una subasta gigante, las bolsas de cada país son como casas de subastas individuales.

Cómo funcionan las bolsas

Las bolsas más importantes del mundo son las siguientes:

› La Bolsa de Nueva York (NYSE - New York Stock Exchange): reconocida internacionalmente, se mantiene como la mayor bolsa del mundo.

LA BOLSA

QUÉ

COMPRAR

DONDE SE VENDEN Y SE COMPRAN LAS ACCIONES

[ACCIONES]

VENDER

CURIOSIDAD

LAS BOLSAS ESTADOUNIDENSES NO HAN PERDIDO DINERO EN LOS ÚLTIMOS 20 AÑOS

LAS BOLSAS DE CADA PAÍS CONFORMAN EL MERCADO DE VALORES

CÓMO

UNIENDO A COMPRADORES Y VENDEDORES

MANTENIENDO EL TRÁFICO BURSÁTIL

LLEVANDO EL CONTROL DE LOS DATOS DE LAS OPERACIONES

EJEMPLOS

NYSE

+

Nasdaq

> NASDAQ: una bolsa electrónica especializada en tecnología.
> Luego se encuentran las bolsas de Asia, fundamentalmente la Bolsa de Tokio y la Bolsa de Shanghái. Aunque también hay que destacar la Bolsa de Londres, que es la mayor de entre las europeas.

Sus funciones principales son:

> Unir a compradores y vendedores.
> Mantener el flujo de las operaciones bursátiles.
> Llevar el control de las operaciones e informar de ellas para que los inversores puedan ver qué ocurre en el mercado.

Los inversores solo pueden comerciar acciones que estén «cotizadas» en la bolsa de valores que han elegido. Pero la mayoría de los inversores individuales (por ejemplo, tú) no puede operar directamente en bolsa. En lugar de eso, tienes que abrir una cuenta con un agente, que se encargará de las operaciones por ti.

Qué hace moverse al mercado de valores

El mercado de valores es la suma de todas las acciones individuales. Cuando una acción se mueve —por ejemplo, porque los inversores calculan beneficios mayores o menores—, el mercado en conjunto se mueve un poquito (una fracción de una fracción de un porcentaje).

Pero a menudo suben y bajan muchas acciones a la vez por lo que está ocurriendo en la economía a gran escala. Algunas de las cosas que hacen que el mercado se mueva son:

El crecimiento económico	Mayor crecimiento económico = mayores beneficios empresariales = las acciones suben
	Menor crecimiento económico = menores beneficios empresariales = las acciones bajan
Tipos de interés	Tipos de interés altos = las acciones bajan
	Tipos de interés bajos = las acciones suben
Tipos impositivos	Impuestos reducidos por los beneficios empresariales = las acciones suben
	Impuestos aumentados por los beneficios empresariales = las acciones bajan
Inflación	Mayor crecimiento económico = más exportaciones a otros países = las acciones suben
	Menor crecimiento económico = menos exportaciones a otros países = las acciones bajan
Crecimiento económico en otros países	Mayor crecimiento económico = más exportaciones a otros países = las acciones suben
	Menor crecimiento económico = menos exportaciones a otros países = las acciones bajan
Sucesos importantes	Atentados terroristas, desastres naturales u otras crisis = más incertidumbre = las acciones bajan

Curiosidades

› Wall Street se llama así por un muro *(wall)* de verdad. En el siglo XVII, los colonos holandeses construyeron un muro, donde se encuentra actualmente la Bolsa de Nueva York, para defenderse de la invasión británica inminente.

> Wall Street no se convirtió en un centro financiero hasta cien años más tarde, cuando un grupo de comerciantes local firmó un acuerdo bajo un famoso árbol, un plátano, que se encuentra en Wall Street. El Acuerdo de Buttonwood fue la primera encarnación de la NYSE.

> Aunque las acciones estadounidenses pueden perder dinero algunos años —o incluso durante varios años—, siempre se recuperan. El rendimiento de las S&P 500 no ha sido negativo en veinte años.

Conclusiones

> Las bolsas unen a los compradores con los vendedores y hacen que las operaciones fluyan.

> El mercado de valores se compone de todas las acciones individuales; por eso, cuando las bolsas de valores se mueven, el mercado se mueve.

> El crecimiento económico, los tipos de interés, los tipos impositivos y la inflación pueden influir en los movimientos de la bolsa.

El 90% de los adultos se emociona cuando cancela un plan y finge entender la bolsa de valores. —Tus finanzas en una servilleta ☺

Mercado alcista o bajista

Wall Street no es ningún zoo, aunque en inglés, el mercado alcista *(bull market)* y el mercado bajista *(bear market)* utilizan las figuras de un toro y de un oso para describir cómo se comporta el mercado.

MERCADO ALCISTA O BAJISTA

QUÉ

CÓMO SE COMPORTA EL MERCADO

MERCADO ALCISTA
(BULL MARKET)

LAS ACCIONES SUBEN

- ECONOMÍA EN EXPANSIÓN
- DESEMPLEO A LA BAJA O ESTABLE
- DURACIÓN MEDIA: 9 AÑOS

MERCADO BAJISTA
(BEAR MARKET)

LAS ACCIONES BAJAN

- ECONOMÍA EN RECESIÓN
- DESEMPLEO AL ALZA
- DURACIÓN MEDIA: 1 AÑO

VIEJO DICHO DE WALL STREET
A PROPÓSITO DE LA AVARICIA

✓ LOS TOROS GANAN DINERO
✓ LOS OSOS GANAN DINERO

¡LOS CERDOS VAN AL MATADERO!

Mercado alcista

Un mercado alcista es aquel en el que las acciones suelen subir. Los mercados alcistas suelen coincidir con:

> › Una economía en alza o en expansión.
> › Paro estable o a la baja.
> › Beneficios empresariales altos.
> › Inflación estable o moderada.

A veces también se puede definir a un experto como «alcista» con respecto al mercado o a una acción en concreto. Significa que esa persona piensa que el mercado o unas acciones en particular van a subir.

> *«Ningún precio es demasiado bajo para un oso ni demasiado alto para un toro.»*
> —ANÓNIMO

Mercado bajista

Un mercado bajista es aquel en el que las acciones suelen bajar o, en realidad, un período de tiempo durante el que los índices bursátiles principales caen al menos un 20% (una caída menor que eso se suele llamar una «corrección», pero no un mercado bajista). Los mercados bajistas suelen coincidir con:

> › Una economía en recesión.
> › Paro al alza.
> › Beneficios empresariales bajos.
> › Deflación o inflación inestable.

Y también se puede definir a un experto como «bajista» con respecto al mercado o a una acción en concreto.

Cómo te afecta a ti esto

Aunque estas definiciones hacen que el mercado de valores parezca algo muy ordenado, en realidad es un caos. Que la bolsa caiga durante varios días seguidos puede significar que se avecina un mercado bajista o, en cambio, simplemente que el mercado se está comportando de forma extraña durante unos días y luego volverá a subir.

> *«En una montaña rusa no te va a pasar nada a menos que saltes en marcha.»*
> —PAUL HARVEY, PERIODISTA

Los inversores desperdician un montón de energía (y de dinero) tratando de adivinar cuándo termina un mercado alcista para poder vender, o cuándo un mercado bajista está acabando para poder comprar. La realidad es que nadie puede predecir esos puntos de inflexión de forma fiable. A la mayoría de los inversores les va mucho mejor si resisten en mercados alcistas y bajistas.

Curiosidades

› El mercado alcista dura una media de 9,1 años y el rendimiento es de un 480%.

› El mercado bajista dura de media 1,4 años, con pérdidas del 41%.

› Los términos con los que se definen estos mercados en inglés, el toro *(bull)* y el oso *(bear)*, hacen referencia a la forma de atacar a sus presas que tienen estos dos animales: los toros levantan los cuernos y los osos dan zarpazos hacia abajo.

Conclusiones

› Un mercado alcista se da cuando las acciones suben y la economía goza de buena salud.

› Un mercado bajista es un período de tiempo en el que las acciones bajan y la economía no está en su mejor momento.

FONDOS DE INVERSIÓN

QUÉ

VUELVE

REÚNEN DINERO

INVERSORES

RENDIMIENTO

FONDO DE INVERSIÓN

GENERAN

MERCADO FINANCIERO

INVIERTE

BONOS | ACCIONES

ACTIVOS FINANCIEROS

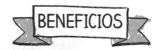

BENEFICIOS

 ASEQUIBLE

 DIVERSIFICADO

 FÁCIL DE RETIRAR

 GESTIÓN PROFESIONAL

 BUENA REGULACIÓN

› En un mundo perfecto, podría predecirse cuándo un mercado se va a transformar para poder captar las ganancias y esquivar las pérdidas. En el mundo real, la mejor apuesta es aguantar las subidas y las bajadas.

La veintena es como un mercado alcista a nivel metabólico, mientras que la cincuentena es como un mercado bajista a nivel capilar.
—Tus finanzas en una servilleta

Fondos de inversión

Un fondo de inversión es un instrumento de ahorro colectivo gestionado por un profesional que reúne el dinero de muchas personas para comprar una cesta de inversiones.

Se puede entender de la siguiente forma: elegir tus propias acciones y tus propios bonos es como cocinar tu propia comida, tienes que escoger buenos ingredientes, atinar a la hora de mezclarlos y garantizar que sigues una dieta equilibrada. Invertir en fondos es como contratar un cocinero personal y asequible. Otra persona es la responsable de la elaboración de los platos y de todo el trabajo preparatorio. Aun así, tendrás que asegurarte de que te sirvan una dieta equilibrada (y de que no te cobren de más).

Cómo funcionan

Paso 1: los inversores compran participaciones en el fondo de inversión.

Step 2: el fondo reúne el dinero de los partícipes y lo usa para adquirir una cartera de inversiones, generalmente de acciones y bonos.

Paso 3: se les devuelven a los inversores los dividendos, los intereses y las ganancias, a cambio deben pagar unas comisiones de gestión.

Paso 4: los inversores pueden retirar el dinero del fondo de inversión cuando deseen.

Beneficios

Los fondos de inversión son una opción muy popular porque ofrecen:

› Gestión profesional: al reunir dinero de varios inversores, los fondos pueden permitirse contratar a los mejores administradores. Algunos tienen incluso grandes equipos de investigadores y analistas.

› Diversificación: muchos fondos tienen cientos (o incluso miles) de valores repartidos en numerosos activos y mercados. Los inversores pueden montar carteras muy diversificadas con tan solo uno o dos fondos.

› Liquidez: aunque no puedes comprar y vender con tanta frecuencia como con las acciones, generalmente puedes operar participaciones de fondos cualquier día en que abra la bolsa.

› Asequibilidad: muchos fondos te permiten invertir apenas unos cientos o miles de euros para empezar. Las tarifas de los fondos de inversión son variables, pero la mayoría son mucho más baratas que otros instrumentos, y desde el principio contarás con toda la información necesaria.

› Supervisión y regulación: los fondos de inversión deben rellenar informes periódicos sobre sus inversiones, dar parte de lo que tienen en su haber y cumplir restricciones en cuanto a las inversiones que pueden adquirir. Sería imposible para un fondo de inversión cometer un fraude al estilo de Bernie Madoff.

Tipos

Hay fondos que invierten en todo tipo de cosas, entre las que se incluyen:

› Fondos monetarios: formados por activos de elevada liquidez y reducido riesgo.

› Fondos de renta fija: su patrimonio está invertido en títulos de renta fija como bonos.

› Fondos de renta variable: el patrimonio participado se invierte en su mayoría en acciones.

> **Fondos mixtos:** invierten tanto en renta fija como en renta variable. Es una combinación de los dos anteriores.
> **Fondos globales:** no tienen definida con precisión su política de inversión y por tanto conllevan altos niveles de riesgo.
> **Fondos garantizados:** aseguran la recuperación del capital invertido y en ocasiones también incluyen una rentabilidad añadida.

Curiosidades

> Un friki de los números llamado Harry Markopolos intentó avisar a los reguladores estadounidenses muchas veces de que Madoff era un fraude; incluso escribió una carta titulada «El mayor fondo de cobertura del mundo es un fraude». Los reguladores no le hicieron caso y en 2008 el fondo de Madoff quebró.
> El fondo más antiguo es el MFS Massachusetts Investors Trust, que se creó en 1924 en Boston.

Conclusiones

> Un fondo reúne el dinero de los inversores para adquirir una cartera de valores diversificada.
> Entre los beneficios de los fondos de inversión se incluyen la gestión profesional, la diversificación, las tarifas bajas y una supervisión reguladora sólida.
> Los fondos pueden invertir en una amplia gama de activos. El riesgo de un fondo en particular o el rendimiento que reporte dependerán de las inversiones que haga.

Invierte en un fondo diversificado para reducir el riesgo de tus inversiones. Invierte en hacerte socio de un gimnasio para reducir el riesgo de los michelines.
—Tus finanzas en una servilleta ☺

ETF
FONDOS COTIZADOS

CONJUNTO

QUÉ

REPLICAN EL COMPORTAMIENTO DE UN ÍNDICE DE REFERENCIA

BONOS | ACCIONES

OIL | OIL

OTROS ACTIVOS

MERCADO, INDUSTRIA, PAÍS

FONDOS COTIZADOS VS. FONDOS DE INVERSIÓN

¡¡¡ UNA DIFERENCIA CLAVE !!!

ETF
SE COMPRAN Y SE VENDEN EN EL DÍA

FONDOS DE INVERSIÓN
SE OPERA SOLO UNA VEZ AL DÍA

Fondos cotizados (ETF)

Los fondos cotizados (ETF, por sus siglas en inglés) se mueven, como las acciones, en el mercado de valores, pero son muy similares a los fondos de inversión. Al igual que estos, los ETF son cestas de inversiones gestionadas por profesionales que los inversores pueden usar para construir una cartera amplia y diversificada.

Fondos cotizados vs. fondos de inversión

Estas son las principales diferencias:

Fondos cotizados	Fondos de inversión
Las participaciones cotizan en bolsa, como las acciones, lo que significa que el precio puede subir y bajar a lo largo de la jornada.	Las participaciones se valoran una vez al día, no a lo largo de toda la jornada.
Se compran y se venden las participaciones a lo largo de la jornada en la bolsa, al igual que ocurre con las acciones de valores.	Las participaciones se venden y se adquieren una vez al día.
La mayoría son fondos indexados, lo que significa que se comportan en función del rendimiento de un índice en lugar de intentar ganarle al mercado.	Algunos son fondos indexados, pero muchos otros son fondos gestionados activamente, lo que implica que el administrador intenta elegir solo las mejores inversiones.

Por qué han ganado popularidad

Los ETF se han hecho muy populares en los últimos años por una serie de razones:

› La inversión indexada es popular.
  › Hay pruebas de que a los inversores les va mejor con los fondos indexados, que solo aspiran a igualar el rendimiento del mercado, en comparación con los fondos gestionados activamente, que aspiran a mejorar el rendimiento del mercado.
› Las tarifas pueden ser aún más bajas que las de los fondos de inversión.
  › Aunque puedes comprar fondos de inversión indexados, los fondos cotizados indexados pueden ser aún más baratos (cuanto más alta sea la tarifa, menor es el rendimiento).
› Inversión inicial poco cuantiosa.
  › Al igual que ocurre con los fondos de inversión, los fondos cotizados pueden incluir acciones y bonos tradicionales. Pero también puedes utilizarlos para invertir en cosas totalmente distintas. Por ejemplo, hay ETF que incluyen oro, que siguen los movimientos diarios del precio del petróleo o que invierten exclusivamente en acciones de biotecnología.

Curiosidades

› El fondo cotizado SPDR Gold Trust tiene cerca de setenta mil lingotes de oro (cada uno de los cuales pesa un poco más de 11 kilogramos) en una cámara acorazada del HSBC en Londres. Una vez al año, contratan a una empresa para que cuente los lingotes de la cámara uno a uno para asegurarse de que están todos (¿unas prácticas de verano?).
› Hay casi 4 billones de dólares invertidos en ETF en Estados Unidos.
› El mundo de los fondos cotizados puede llegar a ser muy extraño. He aquí algunos nombres de ETF: the Obesity ETF (obesidad), the Global X Millennials Thematic

ETF (temática milenial) y the HealthShares Dermatology and Wound Care ETF (dermatología y curas).

Conclusiones

› Los ETF son instrumentos de inversión híbridos entre los fondos y las acciones. Reúnen la diversificación que ofrece un fondo de inversión con la flexibilidad que supone poder entrar y salir con una simple operación en bolsa.

› La mayoría de los ETF son fondos indexados, lo que significa que se mueven en función del rendimiento de un índice, como el IBEX 35 o S&P 500.

¡Los fondos cotizados son divertidos! (Bueno, depende de lo que entiendas por diversión.) —Tus finanzas en una servilleta ☺

Bonos

Los bonos son pagarés. Cuando compras un bono, te conviertes en prestamista de la entidad que lo haya emitido. Generalmente, el solicitante te paga un interés de forma periódica. Cuando el bono vence, también te devuelve tu inversión inicial o el valor principal del bono.

Características

Los bonos tienen unas características principales que los diferencian de las acciones:

› Tipo de interés fijo: la mayor parte de los bonos pagan un tipo predeterminado invariable. Si un bono tiene un valor nominal de 1.000 euros y un tipo de interés del 5%, te hará ganar 50 euros al año.

› Vencimiento: algunos bonos vencen a los treinta años y otros al cabo de un

BONOS

QUÉ
PAGARÉS

INVERSOR

EMISOR/
SOLICITANTE

PRESTA

PAGA:  + INTERÉS

QUIÉN EMITE BONOS

ESTADO CORPORATIVOS GOBIERNO AUTONÓMICO GOBIERNO EXTRANJERO

CARACTERÍSTICAS

VENCIMIENTO

TIPO DE INTERÉS FIJO

MENOS RIESGO QUE LAS ACCIONES

MENOR LIQUIDEZ

CURIOSIDAD

DAVID BOWIE
EN 1997 VENDIÓ BONOS DE LOS BENEFICIOS DE SUS DERECHOS DE AUTOR

año, pero la mayor parte tienen una fecha de vencimiento específica en la que recuperas la inversión inicial.

› Calificación crediticia: una calificación crediticia evalúa la probabilidad de un emisor de bonos de cumplir con sus intereses y pagos principales.

  › Los bonos de mejor calidad tienen la calificación AAA.

  › Los bonos de baja calidad se llaman «bonos basura». Tienen tipos de interés más altos, pero, como los emiten empresas financieramente inestables, pueden incurrir en impagos.

› Menor riesgo y menor rendimiento: los bonos suelen dar menor rendimiento y también entrañan menor riesgo que las acciones.

› Más difíciles de comprar y vender: es fácil operar con acciones a través de cualquier agente, pero puede ser un poco más difícil comprar bonos individuales por tu cuenta, y no se suele conseguir un buen precio si necesitas venderlos.

Tipos

Las principales categorías de bonos según su emisor son:

› Bonos del Estado: valores emitidos por los Tesoros Públicos con el objetivo de financiar los presupuestos del Estado. Son conocidos también en Europa como bonos soberanos.

› Corporativos: emitidos por empresas. Generalmente ofrecen una mayor rentabilidad por el riesgo implícito en las operaciones privadas.

Curiosidades

› En 1997, David Bowie vendió bonos que les daban a los tenedores derecho a percibir parte de sus *royalties*. Los bonos Bowie pagaban un 8%.

› Disney, Coca-Cola y los gobiernos de Argentina y Austria han emitido bonos a cien años.

Conclusiones

› Los bonos son deuda. Cuando compras un bono, te conviertes en prestamista, y el emisor se convierte en beneficiario de dicho préstamo.
› Los bonos suelen pagar un tipo de interés fijo y vencen en una fecha concreta.
› Suelen entrañar menos riesgo que las acciones y reportan menor rendimiento.

La diferencia entre Peter Pan y un bono es que un bono sí se hace mayor (vence) y te da un montón de dinero a cambio. —Tus finanzas en una servilleta

---

¿Qué es una OPV?

Una oferta pública de venta (OPV) se produce cuando las acciones de una empresa empiezan a venderse en el mercado bursátil y la gente puede empezar a invertir en la compañía. También se conoce como «salir a bolsa».

Cómo funciona

Paso 1: una empresa siempre empieza siendo privada, es decir, que no tiene acciones en bolsa. Las personas que conforman la empresa, ya sean los fundadores o los empleados, poseen la mayor parte de la compañía.

Paso 2: la empresa decide salir a bolsa y, con ello, convertirse en una empresa pública. Contrata a un banco de inversiones para que la ayude a organizar todos los detalles, por ejemplo, cuántas acciones sacar a la venta y a qué precio.

Paso 3: la empresa presenta un folleto informativo, en el que detalla los principales aspectos de la operación.

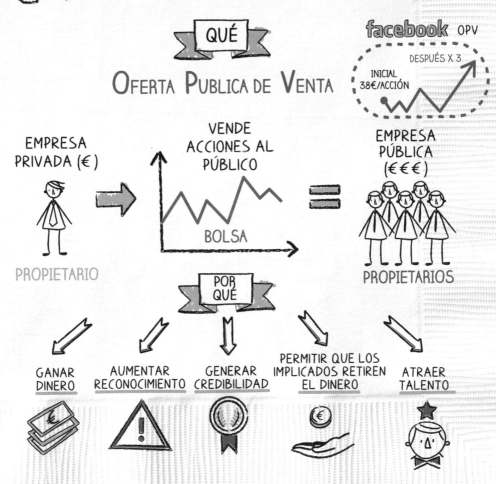

Paso 4: el banco de inversiones compra el paquete de acciones que se va a ofrecer.

Paso 5: día de la OPV: las acciones se ofertan en la bolsa correspondiente y el banco de inversiones pone el paquete a la venta al público.

¿Por qué salen las empresas a bolsa?

Las razón principal por las que las empresas salen a bolsa es para recaudar dinero, necesario para expandir su negocio. Otras razones pueden ser las siguientes:

› Permitir a los accionistas previos ganar dinero: los primeros empleados pueden tener una participación valiosa en la empresa, pero no tienen forma de vender sus acciones. Después de una OPV, pueden venderlas (y llevarse el dinero a Tesla).

› Imponerse: una OPV llamativa puede hacer que los inversores potenciales se interesen por la empresa.

› Generar reconocimiento: una OPV llamativa puede hacer que los inversores potenciales se interesen por la empresa.

› Atraer talento: con las acciones en bolsa, puede ser más fácil ofrecer planes de compensación a los empleados que hagan que la empresa sea un lugar atractivo donde trabajar.

OPV vs. ofertas secundarias

Una empresa puede vender más acciones en el futuro después de su OPV. A estas salidas posteriores se las llama «ofertas secundarias» y suele dárseles menos bombo y platillo que a la OPV.

Curiosidades

› Cuando una empresa presenta su OPV en la Bolsa de Nueva York, sus ejecutivos pueden tocar la campana del parqué para marcar el comienzo de la jornada.

› Grandes OPV pueden generar acciones terribles, y viceversa. Las acciones de Snapchat ganaron un 44% el primer día que salieron a bolsa y luego perdieron más del 75% de su valor en los años que siguieron. Las acciones de Facebook cayeron al principio y luego ganaron un 300% los años siguientes.

› Una empresa puede salir a bolsa sin una OPV. Spotify lo hizo con un método alternativo de salida directa en 2018. La desventaja es que una salida directa no permite a la empresa recaudar dinero «nuevo» (solo permite que los inversores previos puedan recuperar su dinero). La ventaja es que, como se genera menos expectación que con una OPV, las acciones suelen ser menos volátiles.

Conclusiones

› Una OPV marca el momento en el que una empresa saca sus acciones al mercado bursátil. También se le llama «salir a bolsa».

› Las empresas salen a bolsa para recaudar fondos, pero también pueden utilizarlo como una forma de generar reconocimiento o permitir que los inversores anteriores ganen dinero.

Si compraste acciones de Google en su OPV, probablemente puedas contratar a un mayordomo para que busque las cosas en Google por ti.
—Tus finanzas en una servilleta ☺

Cuestionario

1. **Las acciones son:**
   - a. Una forma de deuda.
   - b. Unos cuadros muy caros.
   - c. Participaciones en empresas.
   - d. Unas vacaciones en las que aprendes lecciones.

2. **Los dos métodos con los que los inversores sacan rendimiento de las acciones son:**
   - a. Dividendos y ganancias de precio.
   - b. Interés y principal.
   - c. Miedo e intimidación.
   - d. Pagarés y cupones de descuento en locales comerciales.

3. **Verdadero o falso: «acciones», «títulos» y «participaciones» se suelen utilizar como sinónimos.**
   - ○ Verdadero   ○ Falso

4. **Para operar con acciones necesitas:**
   - a. Conocer el saludo secreto.
   - b. Ir a la bolsa (al parqué físico).
   - c. Buscar en foros de Reddit consejos bursátiles precisos.
   - d. Abrir una cuenta con un agente.

5. **Entre los factores que hacen que el mercado suba están:**
   - a. Una divisa más fuerte y aranceles más altos.
   - b. Tipos de interés e impuestos más bajos.
   - c. Que Elon Musk tenga el pelo bien ese día.
   - d. La viagra.

6. **Verdadero o falso: las acciones estadounidenses llevan veinte años sin perder valor.**

   ○ Verdadero   ○ Falso

7. **Un mercado alcista se da cuando:**

   a. Los inversores suben al piso más alto del edificio de la bolsa.
   b. Las acciones suben.
   c. Los bonos caen.
   d. La carne de alce está de oferta en el supermercado.

8. **Si un conductor de Uber te dice que es «bajista» respecto a las acciones tecnológicas, significa que:**

   a. Cree que las acciones tecnológicas van a caer.
   b. Cree que las acciones tecnológicas van a subir.
   c. Toca el bajo en un grupo.
   d. Se merece que le pongas una puntuación de una estrella.

9. **Un fondo de inversión es:**

   a. Un tipo de inversión con financiación colaborativa.
   b. Un fondo en el que solo puedes invertir si le gustas.
   c. Un fondo cotizado.
   d. Una inversión en la que se junta dinero de varios inversores y que gestiona un administrador profesional.

10. **Los beneficios de los fondos de inversión incluyen todo lo siguiente excepto:**

    a. Regulación estricta.
    b. Gestión profesional.
    c. Rendimiento garantizado.
    d. Diversificación.

11. **Los fondos cotizados son:**
    a. Fondos en los que solo pueden invertir los dueños de cotos de caza.
    b. Fondos gestionados por pitonisas.
    c. Fondos que comercian con valores, como las acciones.
    d. Fondos cubiertos de algodón (en inglés, *cotton*).

12. **Los fondos cotizados han ganado popularidad por todas las razones siguientes excepto:**
    a. Suelen tener tarifas bajas.
    b. Los inversores pueden empezar con una inversión pequeña.
    c. La inversión indexada es popular, y la mayor parte de los fondos cotizados son indexados.
    d. Tienen un informe de seguimiento más prolongado que los fondos de inversión.

13. **En comparación con las acciones, los bonos suelen:**
    a. Entrañar menor riesgo y reportar menos rendimiento.
    b. Pagar mayores dividendos.
    c. Ser más fáciles de comprar y vender.
    d. Temblar, pero no moverse.

14. **Las calificaciones crediticias de los bonos van de:**
    a. AAA a ZZZ.
    b. AAA a basura.
    c. Pichí pichá a Superguay.
    d. Acero azul a Magnum.

15. **Verdadero o falso: los únicos emisores de bonos son los Tesoros Públicos.**
    ○ Verdadero   ○ Falso

16. OPV significa:

a. Oscuro Patio de Víboras.

b. O sea, Puedes Venir.

c. Oferta Pública de Venta.

d. Oreo Para Victoria.

17. Las razones para que una empresa salga a bolsa pueden ser todas las siguientes excepto:

a. Recaudar dinero.

b. Permitir que los inversores existentes ganen dinero.

c. Atraer empleados de primera línea.

d. Ahorrar dinero en contables y abogados.

Respuestas

1. c	**6.** V	**11.** c	**16.** c
2. a	**7.** b	**12.** d	**17.** d
3. V	**8.** a	**13.** a	
4. d	**9.** d	**14.** b	
5. b	**10.** c	**15.** F	

Facilísimo

DAR Y RECIBIR DEL SISTEMA PÚBLICO

IMPUESTOS

QUÉ

DINERO QUE LAS **PERSONAS** Y **EMPRESAS** PAGAN AL GOBIERNO

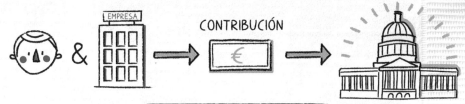

CONTRIBUCIÓN

TIPOS DE IMPUESTOS

RENTA   IVA   SOCIEDADES   SUCESIONES   ESPECIALES

QUÉ SE HACE CON TUS IMPUESTOS

SANITARIOS   EDUCATIVOS   CULTURALES   SEGURIDAD/ DEFENSA   PROTECCIÓN SOCIAL   INFRAESTRUCTURAS

Impuestos

Los impuestos son dinero que las personas y las empresas están obligadas a pagar al gobierno.

Tipos

El gobierno reclama su parte del pastel prácticamente siempre que una persona o una empresa gana dinero. He aquí algunas de las formas en las que pagamos todos:

› Impuesto sobre la renta: más conocido como IRPF, este tipo de impuesto recae sobre las personas. Lo pagas de tu sueldo.

› Impuesto sobre sociedades: el gobierno se queda con una parte de los beneficios que las empresas obtienen de su actividad.

› Impuesto sobre sucesiones y donaciones: lo pagan aquellos que reciben dinero o bienes de forma gratuita, sin que exista una contraprestación a cambio.

› Impuesto sobre el valor añadido: más conocido como IVA, este impuesto lo pagas cuando compras algo en una tienda o en Internet o cuando vas a un restaurante.

› Impuestos especiales: los pagan exclusivamente las personas que consumen determinados bienes, por ejemplo, alcohol, tabaco, hidrocarburos.

Qué se hace con tus impuestos

A través de los impuestos se obtienen la mayoría de los ingresos públicos para costear las necesidades colectivas. Entre los gastos que las Administraciones Públicas realizan, pueden citarse:

> Sanitarios: construcción y mantenimiento de hospitales y centros de salud, adquisición de equipos y medicamentos, así como el abono de los sueldos del personal sanitario.
> Educativos: construcción de centros escolares, compra de material didáctico, equipos informáticos o mobiliario, pago de los sueldos al personal docente.
> Culturales y recreativos: construir, equipar y mantener museos, bibliotecas, parques, jardines, instalaciones deportivas.
> Seguridad y defensa: costear la policía, los bomberos, los servicios de protección civil en general y las Fuerzas Armadas.
> Protección social: pago de las pensiones, prestaciones por desempleo y otras ayudas de carácter social.
> Infraestructuras: construcción y mantenimiento de carreteras, autopistas y autovías, los ferrocarriles, los puertos, los aeropuertos.

> *«Obligar a los ricos a pagar impuestos es una necesidad de guerra, pero obligar también a los pobres es una infamia.»*
>
> —NAPOLEÓN BONAPARTE, MILITAR Y ESTADISTA FRANCÉS

Curiosidades

> El IRPF es un invento inglés. Hoy en día es una de las principales fuentes de recaudación, pero en su origen fue la respuesta a un momento de emergencia. En plena guerra contra Napoleón, al primer ministro británico William Pitt le urgía una inyección de dinero para sufragar el gasto militar.
> Cerca del año 1500, Enrique VIII de Inglaterra estableció un impuesto que debían pagar los que llevasen barba. Aunque era sencillo librarse afeitándose, muchos decidieron pagarlo para dar muestra de pertenecer a una clase social alta.

Conclusiones

› Los impuestos son cantidades de dinero que las personas y las empresas están obligadas a pagar al gobierno para su funcionamiento.

› Puedes pagar impuestos por lo que ganas, por lo que compras y por las propiedades que tienes.

› Con ellos las Administraciones Públicas disponen de recursos con los que financiar la satisfacción de las necesidades colectivas.

Enséñales a tus hijos lo que son los impuestos: cómete el 21% de sus patatas fritas.
—Tus finanzas en una servilleta 😊

Declaración de impuestos

La mayoría de la gente paga sus impuestos a lo largo de todo el año, pero la Campaña de la Renta para hacer la declaración anual del IRPF es uno de los momentos más significativos del sistema tributario. El año fiscal español corre del 1 de enero al 31 de diciembre y las personas deben presentar sus declaraciones entre principios de abril y finales de junio del año siguiente.

Cuando haces la declaración de impuestos tienes la ayuda de la Agencia Tributaria. Puedes consultar y confirmar el borrador desde su web e incluso puedes pedir una cita presencial donde un asesor fiscal te ayudará con la declaración.

En este momento se determina si lo pagado durante el año fue suficiente o si hay que desembolsar más o, por el contrario, recibir una devolución por el exceso de impuesto abonado.

Hacer la declaración de impuestos es importante: no conviene tener problemas con Hacienda. Nunca.

DECLARACIÓN DE IMPUESTOS

QUÉ

LA **CAMPAÑA DE LA RENTA** PARA HACER LA DECLARACIÓN ANUAL DEL **IRPF**
ES UNO DE LOS MOMENTOS MÁS SIGNIFICATIVOS DEL SISTEMA TRIBUTARIO

CUÁNDO

LAS PERSONAS DEBEN PRESENTAR SUS DECLARACIONES
ENTRE PRINCIPIOS DE **ABRIL** Y FINALES DE **JUNIO** DEL AÑO SIGUIENTE

CUÁNTO SE PAGA

EL PAGO DEL **IRPF** SE REGULA **SEGÚN** LOS **INGRESOS** PERCIBIDOS

DEDUCCIONES FISCALES

COMPRA VIVIENDA HABITUAL

SITUACIÓN FAMILIAR

PLANES DE PENSIONES

DONATIVOS

¿Cuánto se paga?

El pago del IRPF se regula según los ingresos percibidos conforme a la siguiente tabla:

Desde	Hasta	Tipo
0 €	12.450 €	19%
12.450,01 €	20.200 €	24%
20.200,01 €	35.200 €	30%
35.200,01 €	60.000 €	37%
60.000,01 €	300.000 €	45%
Más de 300.000 €		47%

A la hora de calcular lo que vamos a pagar, debemos aplicar la tabla dividiendo lo que hemos ganado en un año según los tramos. Supongamos un trabajador con ingresos anuales de 30.000 euros: a los primeros 12.450 euros se les aplicaría un tipo del 19%, a los siguientes 7.750 euros (de 12.450 a 20.200) aplicaríamos un 24% y a los siguientes 9.800 euros (hasta llegar a los 30.000) aplicaríamos un 30%.

Deducciones fiscales

Las deducciones fiscales son cantidades de dinero que puedes restar de tus impuestos cuando calcules lo que debes. Solicitar reducciones fiscales te ayuda a pagar menos impuestos.

Estas son algunas de las posibles deducciones fiscales, debes tener en cuenta que en cada caso aplican condiciones y límites:

> › Compra de vivienda habitual: en España era una de las deducciones más habituales, pero fue eliminada a partir de 2013. Continúa vigente para aquellos que adquirieron su vivienda con anterioridad a esa fecha y siguen pagando hipoteca.

- › Situación familiar: deducciones por maternidad, por familia numerosa o personas con discapacidad a cargo.
- › Donativos: las donaciones efectuadas a determinadas entidades sin fines lucrativos dan derecho a una deducción.
- › Planes de pensiones: las aportaciones y contribuciones a los productos de previsión social también reducen la base imponible general.
- › Ceuta y Melilla: se aplica tanto si el contribuyente tiene residencia habitual como si las rentas se obtienen en el territorio.

> *«Pocos ponemos a prueba nuestros poderes de deducción excepto cuando rellenamos un formulario fiscal.»*
>
> —LAWRENCE J. PETER, ESCRITOR CANADIENSE

Curiosidades

- › Alemania y Japón son dos de los treinta y seis países donde los ciudadanos no tienen que elaborar la declaración de impuestos (el gobierno hace las cuentas por ellos).
- › La Agencia Tributaria Española recibe más de 20 millones de declaraciones de la renta al año. En la Campaña de 2020 más de 400.000 personas la presentaron en las primeras horas.

Conclusiones

- › La declaración anual de la renta es un documento con el que informas al fisco sobre los ingresos que has percibido el año anterior, cuánto has pagado ya de IRPF y si cuadran las cuentas.
- › Para rellanar la declaración, tienes la ayuda de la Agencia Tributaria. Puedes utilizar el servicio de tramitación desde su web, consultar por llamada telefónica o pedir una cita presencial con un asesor.

> Las deducciones fiscales reducen los impuestos que pagas. Entre las más habituales se incluyen deducciones por maternidad, por familia numerosa y algunas contribuciones a los planes de pensiones.

Recuerda que la declaración de impuestos te tiene más miedo
a ti que tú a ella. —Tus finanzas en una servilleta ☺

La jubilación

La jubilación puede parecer un objetivo abstracto y lejano (a menos que ya seas rico de antes, en cuyo caso, enhorabuena). Pero no podrás tirarte en la playa a beber daiquiris a los setenta a menos que empieces a ahorrar ya.

Por qué

Jubilarse es caro. Los gastos de tu jubilación probablemente incluyan todo lo siguiente:

> Vivienda (alquiler o conservación del hogar en propiedad).

> Facturas de agua, electricidad, gas.

> Seguro médico.

> Alimentación.

> Impuestos.

> Ropa, calzado y ocio.

Cómo

Tus ingresos y tus activos durante tu jubilación pueden incluir:

> Inversión y cuentas de ahorros: incluido todo lo que hayas ahorrado en planes de pensiones.

> Seguridad Social: pagada por el gobierno.

CÓMO PAGAR TU JUBILACIÓN

 QUÉ

JUBILARSE ES CARO...

 VIVIENDA

 SEGURO MÉDICO

 ALIMENTACIÓN

 IMPUESTOS

 OCIO

PERO LA PLANIFICACIÓN ES ÚTIL

CÓMO

- ✓ INVERSIÓN Y CUENTAS DE AHORRO
- ✓ SEGURIDAD SOCIAL
- ✓ PEQUEÑOS TRABAJOS
- ✓ TU CASA

INVIERTE EN ACCIONES

EMPIEZA CUANTO ANTES

INTENTA AHORRAR EL 15% DE TUS INGRESOS DURANTE TU VIDA LABORAL

CONSEJOS

España
ES PARA LOS EUROPEOS
UNO DE LOS MEJORES
LUGARES PARA RETIRARSE

> **Pequeños trabajos:** que sean compatibles con tu pensión de jubilación.
> **Tu casa:** si tienes una en propiedad.

Qué puedes hacer

Cuando trabajas, cotizas a la Seguridad Social. Es sabido que el sistema público resulta insuficiente para garantizar una pensión adecuada a los jubilados.

Lo más útil que puedes hacer para planificar tu jubilación es ahorrar, sobre todo en una cuenta o plan de pensiones con ventajas fiscales donde tu dinero irá multiplicándose.

«*La jubilación es como unas vacaciones largas en Las Vegas. El objetivo es disfrutarla al máximo, pero no tanto como para quedarte sin blanca.*»

—JONATHAN CLEMENTS, ESCRITOR BRITÁNICO

Consejos

Ahorrar lo suficiente para la jubilación requiere planificación y esfuerzo. Muchos expertos recomiendan:

> Empezar cuanto antes, por ejemplo cuando tengas tu primer empleo, aportando a un plan de pensiones.
> Intentar ahorrar un 15% de tus ingresos anuales durante los años de tu vida laboral.
> Invertir en acciones en tu juventud, ya que suelen multiplicar el dinero más rápido a largo plazo.

Curiosidades

› El país con la edad de jubilación más temprana es los Emiratos Árabes Unidos, donde los ciudadanos pueden optar a una pensión y a los beneficios de jubilación a los 49 años (los expatriados deben esperar a los 65).

› Ya que el dinero no vale lo mismo en todos los países, los jubilados tienen la opción de disfrutar su pensión en el extranjero. España se ha convertido para el resto de los europeos en uno de los mejores lugares para retirarse, ya que el coste de la vida es más barato que en la mayoría de los países miembros de la Unión Europea y cuenta con lugares paradisíacos.

Conclusiones

› Jubilarse es caro, así que tienes que empezar a ahorrar de joven.

› Los planes de pensiones con ventajas fiscales son la mejor opción de ahorro para la mayoría.

› Ahorrar el 15% de tus ingresos e invertir en acciones en tu juventud puede ayudarte a tener una buena jubilación.

Jubilarse es como hacer un buen cocido: tienes que planearlo con antelación para que salga bien. —Tus finanzas en una servilleta ☺

Seguridad Social

La Seguridad Social es un programa del gobierno que paga dinero a la gente al alcanzar la edad de jubilación, en caso de discapacidad, o cuando cumple otros requisitos específicos. Es, esencialmente, una red de seguridad nacional.

SEGURIDAD SOCIAL

QUÉ

Es un programa del gobierno que paga dinero
a la gente al alcanzar la edad de jubilación

TIPOS DE PENSIÓN DE JUBILACIÓN

➡ ORDINARIA ➡ PARCIAL

➡ ANTICIPADA ➡ FLEXIBLE

➡ DEMORADA

CÓMO FUNCIONA

PASO 1

CONTRIBUYES

PASO 2

CUANTO MÁS **GANAS** → MÁS **PAGAS** → **MEJORES** BENEFICIOS

PASO 3

LA EDAD DE JUBILACIÓN
ESTÁ EN 65 AÑOS

PASO 4

PRESENTAS
LA SOLICITUD

FORMULARIO

PASO 5

PERCIBES
LA RENTA MENSUAL

Tipos de pensión de jubilación

La jubilación es la época en la que te retiras después de años cotizando y una vez alcanzada la edad estipulada. Existen diferentes tipos:

> › Jubilación ordinaria: jubilación una vez que alcances los requisitos estándar.
> › Jubilación anticipada: te retiras antes de cumplir la edad que te corresponda. Puede ser voluntaria, forzosa (en caso de reestructuración empresarial), por discapacidad, por grupo profesional (caso de mineros, bomberos, etcétera).
> › Jubilación demorada: el Estado bonifica a quien no solicita la jubilación a la edad mínima que le corresponde.
> › Jubilación parcial: si todavía no te has jubilado y quieres cobrar una pensión, pero al mismo tiempo vas a seguir trabajando.
> › Jubilación flexible: ya te has jubilado y en un momento determinado quieres volver a la vida activa.

Cómo funciona

Paso 1: contribuyes a la Seguridad Social mientras estás trabajando.

Paso 2: planificas los ingresos y gastos que tendrás en tu jubilación en función del nivel de vida que quieras tener.

Paso 3: debes saber si tienes la edad necesaria y la cotización acumulada requerida para jubilarte.

Paso 4: rellenas los formularios y presentas la solicitud.

Paso 5: comienzas a percibir la renta mensual pública para toda la vida

Autónomos

Si eres autónomo, la jubilación tiene un marco legal específico. No es la misma que la que se establece para el Régimen General.

Por lo general la pensión de un autónomo es muy inferior a la de un trabajador por cuenta ajena. Para la gran mayoría esto supondrá que la pensión pública que recibirá no le será suficiente una vez se retire.

Es muy importante prepararse adecuadamente. Hay que pensar en la Seguridad Social como un dinero extra que estará bien tener, pero no como algo con lo que costearte los viajes por el mundo en el ocaso de tu vida.

Curiosidades

› Los pagos a la Seguridad Social que haces hoy en día sirven para pagar la pensión de algún jubilado (lo que significa que tu futura pensión la tendrá que financiar la siguiente generación con su trabajo). Así que, si estamos destinados a un apocalipsis de la fertilidad como en *El cuento de la criada*, buena suerte con eso.

› En 2021 podemos jubilarnos con 65 años si nuestra cotización suma un mínimo de 37 años y tres meses. La edad de jubilación aumenta progresivamente año tras año, de forma que desde 2027 el momento de jubilarse puede llegar a los 67 años.

› Los Países Bajos tienen, sin duda, el mejor sistema de pensiones del mundo, donde casi todos los trabajadores están cubiertos y esperan recibir alrededor de un 70% de su sueldo anual cuando se jubilen.

Conclusiones

› La Seguridad Social es una red de seguridad del gobierno que paga pensiones a los mayores, los discapacitados y las personas en situación de desamparo.

› Para percibir una pensión de la Seguridad Social cuando te jubiles, tienes que contribuir al sistema durante tu vida laboral.

› La pensión de la Seguridad Social puede completar tus ingresos de jubilación, pero no cuentes con que sea la única fuente.

Planificación patrimonial

La planificación patrimonial es el proceso de decidir qué pasará con tus cosas cuando mueras. Se trata de diseñar un plan para tus bienes patrimoniales y luego redactar dicho plan de forma que sea un documento legalmente válido (y que un juzgado lo reconozca como ejecutorio).

Por qué es importante

Tener un plan patrimonial es importante para:

> *Yo hice dinero a la antigua usanza. Fui muy amable con un pariente rico justo antes de que se muriese.*
>
> —MALCOLM FORBES, EDITOR

› Proteger a tu familia en caso de que te ocurra algo.
› Transferir tus bienes a tus herederos más rápido (y, con suerte, ahorrándoles un periplo judicial).
› Reducir los impuestos. Si eres rico, puede haber estrategias legales para disminuir los impuestos patrimoniales de tus bienes después de tu muerte.
› Tener el control. Quizá quieras asegurarte de que tu mejor amigo herede algún bien preciado, o de que tu ex no lo herede. En cualquier caso, con un plan patrimonial, tú decides.

PLAN PATRIMONIAL

QUÉ

LO QUE OCURRE CON TU DINERO CUANDO MUERES

CÓMO

FIDEICOMISO

DESIGNAR BENEFICIARIOS

TESTAMENTO

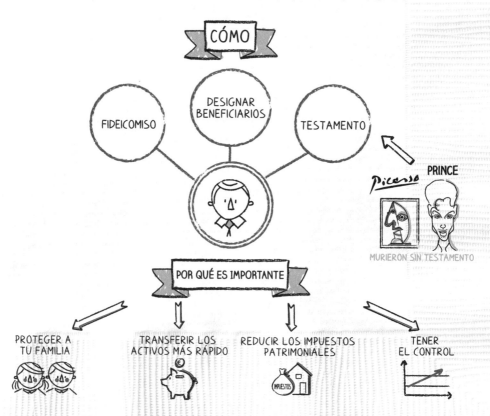

Picasso   **PRINCE**

MURIERON SIN TESTAMENTO

POR QUÉ ES IMPORTANTE

PROTEGER A TU FAMILIA

TRANSFERIR LOS ACTIVOS MÁS RÁPIDO

REDUCIR LOS IMPUESTOS PATRIMONIALES

TENER EL CONTROL

IMPUESTOS

Qué es

Un plan patrimonial es básicamente un conjunto de documentos, y puede incluir lo siguiente:

> › Testamento: puedes especificar quién se queda qué (y quién debería cuidar de tu tortuga).
> › Fideicomiso: si eres muy rico o tienes una situación financiera más compleja, puede ser buena idea establecer un fideicomiso para gestionar algunos de tus activos.
> › Designación de beneficiarios: algunas cuentas financieras te permiten especificar quién será el beneficiario en caso de fallecimiento.

«La muerte no es el final. Aún falta el litigio por el patrimonio.»

—AMBROSE BIERCE, ESCRITOR

Quién lo necesita

Un plan patrimonial no es solo para la gente rica. Obviamente, cuando hay grandes fortunas es más probable que existan disputas. Pero la cantidad de patrimonio no guarda relación con la conveniencia de realizar esta declaración de últimas voluntades. Incluso para una pequeña cantidad de dinero genera tranquilidad y disminuye problemas en el futuro.

Curiosidades

> › Prince y Pablo Picasso murieron sin haber dejado testamento.
> › Abraham Lincoln también murió sin testamento, y eso que era abogado (y presidente).
> › Aunque Jimi Hendrix murió en 1970, las batallas legales entre sus familiares por su patrimonio duraron hasta hace poco, porque no dejó testamento.

Conclusiones

> › El plan patrimonial es el proceso de decidir y documentar lo que ocurrirá con tus posesiones cuando mueras.

› Tener un plan patrimonial es muy importante si tienes personas dependientes a tu cargo, pero también puede ser útil para cualquiera que quiera asegurarse de que sus deseos se cumplan tras su fallecimiento.

Probablemente sea mejor que los pavos redacten su plan patrimonial antes de Acción de Gracias.—Tus finanzas en una servilleta 😌

Cuestionario

1. **Los tipos de impuestos incluyen todos los siguientes excepto:**

    a. Impuesto sobre la renta.
    b. Impuesto sobre el valor añadido.
    c. Impuesto turbo.
    d. Impuesto sobre sociedades.

2. **Con los impuestos se paga:**

    a. El sol (para que salga cada mañana).
    b. Internet.
    c. El bótox.
    d. La escuela pública y el ejército.

3. **Verdadero o falso: cuando recibes algún bien en herencia no estás obligado a pagar un impuesto.**

    ○ Verdadero   ○ Falso

4. **La devolución del IRPF es:**

    a. Cuando el gobierno te devuelve todos los impuestos que has pagado durante el año.
    b. Cuando el resultado de tu declaración anual del IRPF es una cantidad a devolver y solicitas ese importe.
    c. Lo que usas para pagarte un viaje a Las Vegas.
    d. Una oportunidad para adherirte a una protesta política por no pagar tus impuestos.

5. **Verdadero o falso: puedes presentar los impuestos por Internet en la web de la Agencia Tributaria.**

   ○ Verdadero   ○ Falso

6. **Si necesitas ayuda con la declaración, lo mejor que puedes hacer es:**

   a. Invocar la ayuda de todos los dioses griegos.
   b. Pedir ayuda en algún grupo de artículos de segunda mano de Facebook.
   c. Pedir una cita con un asesor fiscal de la Agencia Tributaria.
   d. No realizar la declaración porque es muy difícil.

7. **Las deducciones fiscales son:**

   a. Una forma legal de pagar menos impuestos.
   b. Relevantes solo para la gente muy rica.
   c. Algo por lo que no tienes que preocuparte, de eso ya se encargan tus padres, ¿no?
   d. La razón por la que te decidiste a comprarte una tele de noventa pulgadas.

8. **Las deducciones fiscales pueden ser todas las siguientes excepto:**

   a. Donaciones a la beneficencia.
   b. Gastos automovilísticos.
   c. Familia numerosa.
   d. Maternidad.

9. **Deberías empezar a ahorrar para tu jubilación:**

   a. En cuanto te saques el carné de conducir.
   b. Un año después de la última vez que vayas al Primavera Sound.
   c. Cuando cumplas los cincuenta.
   d. Cuando consigas el primer trabajo.

10. **Tus fuentes de ingresos cuando te jubiles deberían incluir:**
    a. Dividendos de tus existencias de bitcoins.
    b. Tus ganancias como *influencer*.
    c. La pensión de la Seguridad Social y tus cuentas de inversión.
    d. Tu hipoteca inversa.

11. **Lo mejor que puedes hacer para mejorar tus posibilidades de tener una jubilación cómoda es:**
    a. Ahorrar todo lo que puedas durante tus años de vida laboral.
    b. Invertir tus ahorros para la jubilación en opciones muy seguras y de corto plazo.
    c. Hacerles la pelota a tus parientes ricos.
    d. Comprar un sillón reclinable.

12. **Un índice de ahorro sólido al que aspirar para tu plan de pensiones es:**
    a. El 10% de tus beneficios netos.
    b. El 20% de tus ganancias de inversión.
    c. El 15% de tus ingresos.
    d. El 30% de tus gastos en té helado.

13. **La Seguridad Social es:**
    a. Una película protagonizada por Liam Neeson.
    b. Una garantía de una jubilación cómoda.
    c. Una red de seguridad nacional que provee una pensión a los mayores.
    d. El nombre del gato de Franklin D. Roosevelt.

14. **La jubilación flexible es:**
    a. Una jubilación que se dobla sin romperse.
    b. Una oficina para informar a los jubilados.
    c. Una jubilación que se adapta año a año según las circunstancias de la persona.
    d. Cuando la persona ya es pensionista pero quiere volver a realizar una actividad laboral.

15. **Verdadero o falso: por lo general, la pensión de jubilación que recibe un autónomo es muy inferior a la de un trabajador por cuenta ajena.**

    ○ Verdadero   ○ Falso

16. **La planificación patrimonial es para:**

    a. La gente vieja y rica.
    b. Cualquiera.
    c. Nadie, porque los científicos están muy cerca de acabar con la mortalidad.
    d. Batman.

17. **Todo esto son beneficios de la planificación patrimonial salvo:**

    a. Reduce los impuestos.
    b. Te permite jerarquizar a tus amigos y familiares en función de cuánto los quieres, y dárselo todo a los primeros de la lista y nada a los últimos.
    c. Aumenta tu patrimonio.
    d. Garantiza que tus hijos u otras personas dependientes tengan cobertura en caso de que te ocurra algo.

18. **Tu plan patrimonial puede incluir:**

    a. Los pagos a la Seguridad Social que te faltan.
    b. Una lista detallada de quejas sobre cada uno de tus familiares.
    c. Tu historial de búsquedas de Internet.
    d. Tu testamento y la designación de beneficiarios.

Respuestas

1. c	**6.** c	**11.** a	**16.** b
2. d	**7.** a	**12.** c	**17.** c
3. F	**8.** b	**13.** c	**18.** d
4. b	**9.** d	**14.** d	
5. V	**10.** c	**15.** V	

6

A lo grande

CÓMO MONTAR UNA EMPRESA

EMPRENDIMIENTO

CÓMO CONSTRUIR ALGO DE LA NADA

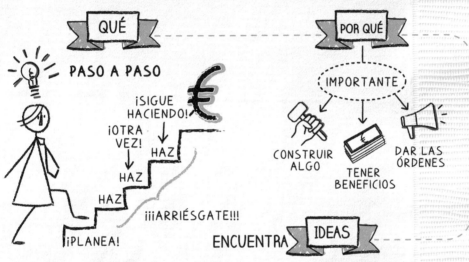

QUÉ

PASO A PASO

¡SIGUE HACIENDO!

¡OTRA VEZ!

HAZ

HAZ

HAZ

¡¡¡ARRIÉSGATE!!!

¡PLANEA!

POR QUÉ

IMPORTANTE

CONSTRUIR ALGO

TENER BENEFICIOS

DAR LAS ÓRDENES

ENCUENTRA **IDEAS**

EMPRENDEDORES FAMOSOS

 → JEFF BEZOS

 → MARY KAY ASH

 → MARK ZUCKERBERG

 COSAS QUE TE GUSTARÍA QUE EXISTIERAN Y NO ENCUENTRAS

 NECESIDADES DE LAS PERSONAS QUE TE RODEAN

 MEJORAR PRODUCTOS O SERVICIOS YA EXISTENTES

 FACILITAR EL ACCESO A INFORMACIÓN O PRODUCTOS

Emprendimiento

El emprendimiento o espíritu empresarial es el ánimo de innovar. Es tener una idea y emprender la iniciativa para hacerla realidad.

Aunque la palabra «emprendedor» nos puede llevar a pensar en gigantes de los negocios como Jeff Bezos, Mary Kay Ash o Mark Zuckerberg, cualquiera que tenga una empresa o un negocio paralelo es emprendedor.

«No te avergüences por tus fracasos, aprende de ellos y comienza de nuevo.»

—RICHARD BRANSON,
FUNDADOR DE VIRGIN GROUP

Pros y contras

Para ser el jefe, hay que pagar un precio:

Pros	Contras
Te quedas con todos los beneficios.	Corres con todos los riesgos.
Tienes la oportunidad de hacer algo que te guste y tener un legado.	Hasta las mejores ideas pueden fracasar.
Tú mandas y eliges a tu equipo.	Más responsabilidades implican más estrés.

Mitos acerca del emprendimiento

Perseguir tus sueños puede dar algo de miedo, pero no dejes que los prejuicios te hagan echarte atrás.

Mitos	Hecho
Tienes que ser rico para poder montar una empresa.	Algunas empresas pueden despegar con poca inversión inicial, pero muchas reúnen fondos de inversores externos o prestamistas para empezar.
Necesitas una idea original, única y brillante.	Muchos negocios de éxito se basan en productos y servicios ya existentes.
El fracaso es tu enemigo.	Muchos emprendedores de éxito tienen una buena colección de fracasos a sus espaldas hasta haber dado con la tecla. Aprende de tus errores, pero no tengas miedo de cometerlos.

Cómo encontrar ideas

No necesitas una idea absolutamente original, pero necesitas una idea. Intenta apuntarlas en un cuaderno y escribe algo cada vez que pienses en:

› Productos o servicios que te gustaría que existieran pero no encuentras.
› Necesidades de la gente que te rodea que no cubren los productos existentes.
› Formas de mejorar productos o servicios ya existentes.
› Formas de ayudar a la gente a acceder a la información o a los productos más fácilmente.

Curiosidades

› Si quieres tener suerte en tu negocio, móntalo en un garaje. Entre las empresas que han empezado en garajes se encuentran Apple, Amazon, Google y Disney.
› El récord mundial de inventos lo tiene Shunpei Yamazaki, con más de once mil patentes en su haber.

Conclusiones

› El emprendimiento es el proceso de hacer realidad tu idea de negocio.

› Cuando eres emprendedor, puedes tener la suerte de hacer mucho dinero y conseguir una gran satisfacción, pero también corres los riesgos financieros y posibles pérdidas de valor de tu negocio.

› Si quieres encontrar una buena idea, ten a mano un cuaderno donde anotes productos y servicios que no existan o que podrían mejorarse.

Algunos emprendedores famosos son Bill Gates, Jack Ma y Amancio Ortega,
que pasó de repartir camisas a construir un verdadero imperio de la moda.
—Tus finanzas en una servilleta ☺

Cómo montar una *start-up*

Aunque muchas *start-ups* fracasan, las que tienen éxito pueden ser un auténtico bombazo. Además de los beneficios económicos, montar una *start-up* puede darte la oportunidad de crear algo que tenga sentido, desafiar el *statu quo* e incluso cambiar el mundo.

Lo básico

Todas las *start-ups* son distintas, pero la mayoría necesitan estas cuatro cosas:

› Una idea: tu *start-up* puede revolucionar una industria, mejorar un producto o un servicio, o cubrir una necesidad que la gente no sabía que tenía.

› Un equipo: busca un grupo de personas con las que puedas trabajar, con capacidades que complementen a las tuyas. Empieza con tres puestos principales: negocios, tecnología y creatividad.

CÓMO MONTAR UNA START-UP

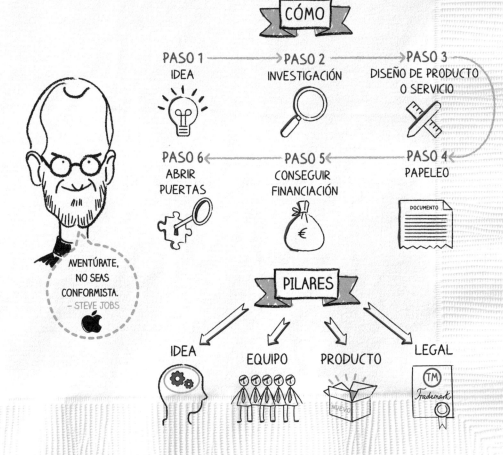

> **Un producto:** desarrolla un prototipo de tu producto, un modelo para tu servicio o al menos un plan realista de cómo vas a desarrollar tus primeros productos.
> **Un armazón legal:** diseña la estructura de tu empresa, el nombre y otros asuntos legales.

Proceso

Paso 1: piensa una idea.

Paso 2: investiga el mercado. ¿Quiénes serán tus competidores? ¿Quiénes pueden ser tus clientes? ¿Cómo de fuerte puede llegar a ser la demanda de tu producto o servicio?

Paso 3: traza un plan. Diseña el producto o servicio.

Paso 4: organiza todo el tema legal. Decide una estructura de negocio. Elige un nombre y pide las licencias o permisos necesarios.

Paso 5: recauda fondos. ¿Quieres vender participaciones o pedir un préstamo?

Paso 6: cuéntaselo a todo el mundo. Genera expectación ante tu nuevo negocio.

Paso 7: abre las puertas de tu negocio.

Tipos

Aunque necesitas una idea novedosa, hay un número limitado de tipos de negocios. Plantéate si tu empresa va a:

> **Vender publicidad:** crea una página web o una app gratuita que atraiga visitantes y págala con publicidad.
> **Crear un mercado:** eso hacen Etsy o eBay.
> **Vender bienes o servicios a los consumidores:** podrías inventar el próximo *spinner*.

> Vender bienes o servicios a empresas: resuelve una necesidad de una industria en concreto.

> Vender servicios interpersonales: como Airbnb o las empresas para compartir vehículo.

> Vender propiedad intelectual: desarrolla algo que puedas alquilar por un precio.

Curiosidades

> Hay más empresas «unicornio» —start-ups valoradas en más de 1.000 millones de dólares— con sede en California que en ningún otro lugar del mundo.

> Aileen Lee, especialista en capital de riesgo y fundadora de Cowboy Ventures, fue quien acuñó la palabra «unicornio» para referirse a este tipo de compañías a finales de 2013. Desde entonces, el mundo efervescente de las start-ups parece haber cambiado por completo.

Conclusiones

> Montar una start-up puede brindarte la oportunidad de hacerte de oro.

> Para crear una empresa, primero necesitas tener una idea, un equipo, un producto y ayuda con la parte legal.

> Aunque pueda parecer difícil tener una buena idea, puedes inspirarte en negocios ya existentes.

Cuando montes una start-up, dormirás como un bebé: te despertarás cada dos horas y llorarás mucho. —Tus finanzas en una servilleta 😐

PLAN DE NEGOCIO

QUÉ

UN MAPA PARA TU NEGOCIO

PARA QUÉ

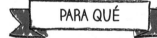 GUIAR TU NEGOCIO

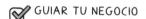 MEDIR TU PROGRESO

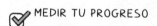 INFORMAR A LOS INVERSORES

☑ RECLUTAR EMPLEADOS Y SOCIOS

PLANES DE MARKETING

RESUMEN EJECUTIVO

ORGANIZACIÓN Y GESTIÓN

CÓMO SE ORGANIZA

DESCRIPCIÓN DEL NEGOCIO

NECESIDADES DE FINANCIACIÓN

PROYECCIONES FINANCIERAS

ANÁLISIS DEL MERCADO

 **CURIOSIDAD** ¡ALGUNOS PLANES DE NEGOCIO PUEDEN HACERSE EN UNA SERVILLETA!

Plan de negocio

Un plan de negocio es un documento donde se detallan todos los aspectos relativos a tu empresa. Describe el sueño al que aspiras con tu negocio, pero también incluye los pasos concretos que tienes que dar para hacerlo realidad.

Por qué es importante

El plan de negocio te servirá para:

› Mantener el rumbo: el plan puede ayudarte a definir los pasos exactos que tienes que dar para desarrollar el negocio, de forma que siempre sepas lo que viene después.

› Medir tus progresos: incluye hitos en tu plan de negocio para poder ir tachándolos a medida que tu empresa crezca.

› Conseguir inversores: los posibles patrocinadores querrán constatar que tienes un plan realista y pueden tener preguntas acerca de detalles prácticos, como las proyecciones financieras.

› Reclutar empleados y socios: tener una visión realista puede ayudarte a conseguir a los mejores empleados, clientes y socios.

« Por el momento no estamos planeando conquistar el mundo.»

—SERGEY BRIN,
COFUNDADOR DE GOOGLE

Cómo redactar el plan

Tu plan de negocio puede ser tan amplio o tan detallado como decidas. Algunos planes de negocio se han hecho en una servilleta. Otros pueden ser como un libro de largos.

Puedes plantearte incluir todo lo siguiente en tu plan de negocio:

› Resumen ejecutivo: un resumen breve del plan.
› Descripción del negocio: los puntos básicos de tu modelo de negocio y lo que tu empresa ha conseguido hasta el momento.
› Análisis de mercado: ¿quiénes son tus clientes? ¿Y tus competidores?
› Organización y gestión: ¿qué estructura legal tiene tu empresa? ¿Quiénes son las superestrellas de tu equipo?
› Planes de marketing: tus planes para correr la voz, promocionar tu negocio y encontrar clientes.
› Necesidades de financiación: ¿cuánto dinero necesitas para empezar?
› Proyecciones financieras: tus mejores cálculos de las ventas y los beneficios durante los primeros años de la empresa.

Curiosidades

› Southwest Airlines, el futuro de Leo Messi en Barcelona y no menos de cuatro películas de Pixar se concibieron —teóricamente— en servilletas.
› En Silicon Valley, los fundadores tienen fama de exagerar los datos y las cifras referentes a sus negocios cuando les exponen sus planes a los posibles inversores.

> «Se necesita tanta energía para desear como para planear.»
>
> —ELEANOR ROOSEVELT, ACTIVISTA Y EX PRIMERA DAMA DE ESTADOS UNIDOS

Como dijo un fundador, «ser honesto en Silicon Valley es como ser el único miembro de un equipo olímpico que no se dopa».

Conclusiones

› Tu plan de negocio es como el mapa de carreteras de tu empresa.

› Necesitas un plan de negocio para ti y para los posibles inversores.

› Algunos planes de negocio son tremendamente detallados y otros pueden ser una sencilla declaración de intenciones.

Un plan de negocio es un mapa de carreteras para tu empresa y unas capitulaciones matrimoniales son un mapa de carreteras para tu futuro divorcio.
—Tus finanzas en una servilleta ☺

Cómo financiar una *start-up*

A menos que quieras montar un negocio para el que no haga falta mucho dinero, necesitarás financiación para poner en marcha tu empresa. El tipo de financiación que necesites dependerá de en qué fase de desarrollo esté el negocio, cuánto dinero necesites y que estés o no dispuesto a ceder una parte de la propiedad de tu empresa a terceros.

CÓMO FINANCIAR UNA START-UP

QUÉ

REUNIR DINERO PARA MONTAR UN NEGOCIO

TIPOS

FASE INICIAL

FASE AVANZADA

AUTOFINANCIACIÓN INCUBADORA CROWDFUNDING BUSINESS ANGELS CAPITAL RIESGO OPV

VALOR DE LA FIRMA

PROS

- ✓ MÁS DINERO
- ✓ CONECTAS CON EXPERTOS
- ✓ MERCANTILIZAS TU NEGOCIO

CONTRAS

- ✗ CEDES PROPIEDAD Y CONTROL
- ✗ COMPARTES DETALLES DE LAS FINANZAS
- ✗ DIVULGAS TUS SECRETOS

JUICERO

THERANOS

RECAUDAR DINERO ≠ ÉXITO

COOLEST COOLER

YIK YAK

Tipos

Fuente de financiación	Fase	Cómo funciona
Autofinanciación	Muy temprana	Recurre a fuentes de financiación personales como ahorros, inversiones e incluso una tarjeta de crédito.
Amigos y familia	Muy temprana	Pide un préstamo a aquellos que puedan creer en tu idea para arrancar.
Incubadora de empresas	Muy temprana	Solicita el ingreso en un programa de desarrollo para empresas de formación reciente, así dispondrás de recursos para desarrollar tu idea y de acceso a mentores.
Crowdfunding	Inicial	Incluye una descripción de tu plan de negocios en un sitio web de *crowdfunding* y siéntate a esperar a que llegue el dinero (ver capítulo 10 para obtener más información).
Prestamistas tradicionales	Inicial	Solicita un préstamo para PYMES a tu banco o a una institución financiera de crédito.
Business angels	Inicial	Busca una persona rica que quiera firmarte un cuantioso cheque a cambio de una participación en tu empresa.
Programa de aceleración	Media	Una vez que tu idea haya adquirido fuerza, solicita el acceso a un programa de aceleración de empresas para impulsar tu crecimiento.
Capital riesgo	Media	Vende participaciones a sofisticados inversores de *start-ups*.
OPV	Avanzada	Incluye las acciones de tu empresa en el mercado de valores y consigue acceso a financiación de un gran número de inversores.
Emisión de bonos	Avanzada	Una vez que tu empresa esté establecida, vende bonos que venzan en 10, 20 o 30 años y paguen un tipo de interés.

Pros y contras de la financiación externa

Recurrir a financiación externa puede ser útil para seguir creciendo, pero tiene sus desventajas.

Pros	Contras
Acceso a mucho más dinero.	Cedes parte de la propiedad y, además, parte del control.
Puedes conectar con mentores y expertos.	Compartes las finanzas de tu empresa.
Mercantilizas tu modelo de negocio.	Divulgas el secreto de tu modelo de negocio.

Curiosidades

› Puede que merezca la pena conservar el control. Native Deodorant, una *start-up* de desodorantes naturales, se vendió por 100 millones de dólares a Procter & Gamble tan solo dos años y medio después de su lanzamiento. Su fundador aún tenía más del 90% de la empresa.

› Juicero era una *start-up* que vendía exprimidores de 400 dólares que exprimían un paquete de zumo de fruta en una taza, como una Nespresso pero para frutas y verduras. La empresa cosechó 120 millones de dólares antes de que alguien se diera cuenta de que los paquetes podían exprimirse con la mano, sin necesidad de ningún electrodoméstico sofisticado. (La empresa cerró.)

Conclusiones

› La mayor parte de las *start-ups* necesitan financiación para arrancar.

› Hay una amplia variedad de fuentes de financiación, desde la autofinanciación hasta buscar inversores profesionales externos, pasando por pedir un préstamo al banco.

> Venderles una participación a inversores externos implica conseguir más dinero y experiencia a cambio de ceder control y propiedad de la empresa.

Financiar una *start-up* puede ser difícil, pero no tanto como aparcar en batería.
—Tus finanzas en una servilleta ☺

Cuestionario

1. **El espíritu empresarial es:**
   a. Crear una app.
   b. Abrir un restaurante.
   c. Vender artículos de artesanía *online*.
   d. Todo lo anterior.

2. **Los beneficios del espíritu empresarial pueden incluir todo lo siguiente excepto:**
   a. La oportunidad de quedarte con los beneficios y conseguir algo grande.
   b. Cotas de éxito garantizadas.
   c. La oportunidad de ver tu sueño hecho realidad.
   d. La oportunidad de ser tu propio jefe.

3. **Verdadero o falso: si tu idea de negocio fracasa, no deberías volver a intentarlo.**
   ○ Verdadero   ○ Falso

4. **Para conseguir montar tu empresa, necesitarás:**
   a. Una idea, un equipo y un producto.
   b. Un prototipo, una red de distribución y una planta de fabricación.
   c. Un buen discurso y un cheque sustancioso de tu abuela.
   d. Un mechón de pelo de Mark Zuckerberg, una lágrima de Elon Musk y un muñeco vudú.

5. **Verdadero o falso: sacar la idea de tu modelo de negocio de una empresa que ya existe es ilegal.**

   ○ Verdadero   ○ Falso

6. **El proceso de lanzamiento de una *start-up* incluye:**

   a. Un concurso de comer perritos calientes.
   b. Decidir si incluir las acciones de tu empresa en la NASDAQ o en la NYSE.
   c. Analizar el mercado y conseguir financiación.
   d. Terminar una carrera de obstáculos de Ninja Warrior.

7. **Un plan de negocios es importante por todas estas razones excepto:**

   a. Es un contrato vinculante entre los inversores y tú.
   b. Puede ayudarte a persuadir a los inversores de que financien tu idea.
   c. Puede ayudarte a pensarte bien tu idea.
   d. Medir tus progresos según el plan de negocios puede ayudarte a no desviarte del camino.

8. **Un plan de negocios debería ser:**

   a. Un pentámetro yámbico.
   b. Tan largo o tan corto como te parezca.
   c. Presentado ante la junta empresarial estatal.
   d. Escrito en Comic Sans, si quieres que alguien se lo tome en serio.

9. **Verdadero o falso: un plan de negocios puede escribirse en una servilleta.**

   ○ Verdadero   ○ Falso

10. **Las fuentes de financiación de una *start-up* pueden ser todas las siguientes excepto:**

    a. Autofinanciación.
    b. Ángeles.
    c. Ofertas secundarias.
    d. Incubadoras.

11. **Entre los beneficios de buscar financiación externa para tu *start-up* se incluyen:**

   a. Mayor acceso a financiación y la oportunidad de encontrar mentores que pueden ayudarte a hacer crecer tu negocio.

   b. Más independencia a la hora de gestionar tu negocio.

   c. Decepcionar a la gente de fuera de tu círculo más cercano.

   d. La oportunidad de superar lo que escribieron en tu anuario del instituto de que «probablemente seguirías viviendo con tus padres a los treinta».

12. **Uno de los inconvenientes de buscar financiación externa para tu *start-up* es:**

   a. Contraer la obligación legal de devolver la inversión si tu empresa fracasa.

   b. Ceder propiedad y control.

   c. Que te corten varios dedos si fracasas.

   d. Tener que explicarles a los inversores por qué todos los emprendedores tienen coches Tesla pero tú todavía no tienes ningún ingreso.

13. **Verdadero o falso: plantear una OPV es una opción para las empresas más establecidas.**

   ○ Verdadero   ○ Falso

Respuestas

1. d	**5.** F	**9.** V	**13.** V
2. b	**6.** c	**10.** c	
3. F	**7.** a	**11.** a	
4. a	**8.** b	**12.** b	

Economía del vudú

LA ECONOMÍA

PIB

QUÉ

PRODUCTO INTERIOR BRUTO

VALOR TOTAL DE LA ECONOMÍA DE UN PAÍS

POR QUÉ ES IMPORTANTE

- TAMAÑO DE LA ECONOMÍA
- ¿ECONOMÍA EN DESARROLLO O EN RECESO?
- ¿A QUÉ VELOCIDAD?

CURIOSIDAD

3 PRIMEROS SEGÚN PIB

ESTADOS UNIDOS

CHINA

JAPÓN

CÓMO SE MIDE

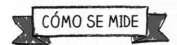

CONSUMO + INVERSIÓN + GASTO PÚBLICO + EXPORTACIONES MENOS IMPORTACIONES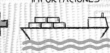

PIB

El Producto Interior Bruto, o PIB, mide el tamaño de una economía. Básicamente, pone un símbolo del euro (o de la moneda que sea) a todos los bienes y servicios que produce un país en un año concreto (u otro período de tiempo).

Por qué es importante

El control del PIB nacional nos dice dos cosas:

› El tamaño general de la economía de un país.
› Si esta economía se encuentra en proceso de expansión o de recesión, y a qué ritmo.

Los inversores, los gobiernos y otros agentes vigilan de cerca el PIB porque se considera la mejor medida para entender el estado de una economía.

En tiempos de bonanza, el PIB debería aumentar a un ritmo constante (esto se llama expansión), las personas pueden encontrar trabajo con relativa facilidad, las empresas tienen beneficios y, generalmente, la bolsa está en alza.

La situación contraria es una economía en retroceso, a lo que se llama recesión. Eso significa que los trabajadores están perdiendo sus empleos y las empresas están perdiendo dinero. Si no se controlan, las recesiones pueden convertirse en espirales de destrucción económica (como ocurrió en la Gran Depresión). Los gobiernos deben vigilar de cerca el PIB para poder detectar que la economía se encamina hacia una recesión y así poder dar los pasos necesarios para evitar o suavizar el golpe.

Cómo se mide

El PIB tiene cuatro componentes básicos:

› El consumo: básicamente, todo lo que los ciudadanos compran, como un coche, un jersey o una bolsa de frutas y verduras, se añade al PIB.

- › La inversión: esto incluye a una empresa que construya una fábrica nueva o a un constructor que levante un edificio de apartamentos.
- › El gasto público: en esta categoría se incluye todo, desde el gasto militar de un gobierno hasta cuando un ayuntamiento asfalta una carretera.
- › Las exportaciones menos las importaciones: si el país exporta más bienes y servicios al extranjero de los que importa, este componente se añade al PIB. Si el país importa más de lo que exporta (lo que se denomina «déficit comercial»), la diferencia se resta al PIB.

Curiosidades

- › Con unos 20 billones de dólares, Estados Unidos es la primera economía del mundo, seguida por China y Japón.
- › Si la Unión Europea fuera un país, se clasificaría como la segunda mayor economía del mundo.
- › El PIB solo incluye las transacciones legales. Eso significa que el tráfico de drogas, la prostitución o el sueldo en negro que tu vecino le paga a la niñera no se cuentan.

Conclusiones

- › El PIB mide el tamaño de una economía.
- › Mucha gente sigue de cerca las fluctuaciones del PIB en busca de pistas sobre cómo va la economía.
- › El PIB incluye los bienes y servicios que compran los individuos (como tú), las empresas y el gobierno, pero no el mercado negro ni la actividad comercial no declarada.

El presupuesto para maquillaje y peluquería de las actrices en la gala de los Óscar a veces supera al PIB de varios países pequeños juntos. —Tus finanzas en una servilleta ☺

INFLACIÓN

QUÉ

LOS PRECIOS CRECEN
CON EL TIEMPO

PRECIOS
SUBEN

MEDIDOR
IPC = ÍNDICE DE PRECIOS DE CONSUMO

BUENA O MALA

LO POSITIVO

- ⊕ NÓMINAS MÁS ALTAS
- ⊕ PUEDE HACER CRECER LA ECONOMÍA
- ⊕ AYUDA A LOS SOLICITANTES DE PRÉSTAMOS

LO NEGATIVO

- ⊖ MAYOR GASTO
- ⊖ DEMASIADA = MALO PARA EL CRECIMIENTO
- ⊖ MALA PARA LOS PRESTAMISTAS

CAUSAS

ECONOMÍA
FUERTE

PRECIO DE
LA ENERGÍA

POLÍTICAS
PÚBLICAS

CURIOSIDAD

ÍNDICE BIG MAC: MEDIDOR ALTERNATIVO
QUE CONTROLA LA VARIACIÓN DE PRECIOS
DEL BIG MAC EN TODO EL MUNDO

Inflación

En 1980, en Estados Unidos se podía comprar una entrada de cine por tres dólares. Hoy en día, cuesta nueve dólares de media. El aumento de los precios con el tiempo recibe el nombre de inflación.

Por qué ocurre

Muchos factores distintos pueden contribuir a la inflación. Estos son algunos de ellos:

> *«La inflación es la madre del paro, y la ladrona invisible de los que han ahorrado.»*
> —MARGARET THATCHER, PRIMERA MINISTRA DEL REINO UNIDO DESDE 1979 A 1990

›   Una economía boyante: el crecimiento económico suele ir de la mano de un poco de inflación. Si una empresa tiene muchos beneficios, puede subirles el sueldo a sus empleados. Si la gente se siente segura en su trabajo, probablemente gaste más dinero. Cuanto más gastan, más subirán los precios.

›   Precio de la energía: la economía depende del precio del petróleo y otras fuentes de energía en gran medida. Cuando sube el coste de la energía, el coste de fabricación y de envío de los productos, así como el coste de mantener las luces encendidas en las tiendas, también sube. Eso significa que los precios de los bienes y servicios también tienden al alza.

›   Políticas públicas: si el gobierno baja los impuestos, baja los tipos de interés o imprime dinero, el crecimiento económico y la inflación suelen dispararse.

¿Es buena o mala?

Puede que la idea de ir al cine por tres dólares o poder comprar una casa por 100.000 dólares, como se podía hacer en los años ochenta en Estados Unidos, suene muy bien, pero cierta inflación ayuda a engrasar las ruedas de la economía. Además, un poco de inflación es mejor que el riesgo a la deflación (cuando los precios caen), porque esta última puede hundir una economía en una depresión absoluta.

Las políticas públicas influyen en la inflación (ver el epígrafe sobre el Banco Central Europeo en este mismo capítulo). Muchos gobiernos aspiran a una tasa de inflación anual del 2%, que se considera un ritmo lento pero constante y positivo.

Cómo se mide

El gobierno vigila la inflación con los índices de precios. Así es como funciona:

Paso 1: los economistas reúnen una cesta hipotética de bienes y servicios que pueden representar las compras de una familia durante un período concreto de tiempo.

Paso 2: los cambios en el precio de esta cesta de bienes y servicios se vigilan a lo largo del tiempo.

Paso 3: la cesta se puede ajustar si la gente va cambiando lo que compra, y el precio también se puede adaptar en función de la mejora de la calidad de los productos (no pagas más por un smartphone que por un móvil de los antiguos debido únicamente a la inflación, sino porque es un producto más avanzado).

El principal medidor de la inflación es el Índice de Precios de Consumo (el IPC).

Curiosidades

> Un medidor alternativo de la fluctuación de los precios es el Índice Big Mac. Sí, lo has adivinado: mide cuánto vale un Big Mac en los distintos países y cómo evoluciona su precio.

> El IPC genera gran controversia. Algunos expertos defienden que el método de cálculo desalienta la inflación, lo que puede ayudar a los gobiernos a mantener los costes bajos, porque algunos gastos públicos suben con la tasa de inflación (como los pagos a la Seguridad Social).

Conclusiones

> La inflación es el aumento de los precios de una economía con el paso del tiempo.

> Aunque pueda parecer malo que los precios suban, una tasa de inflación lenta pero constante se suele considerar como algo positivo para la economía.

> El crecimiento económico, las políticas públicas, los precios de los productos y otros factores suelen influir en la tasa de inflación.

La inflación es un rollo porque significa que todo el mundo es rico pero nadie puede permitirse nada. —Tus finanzas en una servilleta ☺

RECESIÓN

QUÉ

CUANDO LA ECONOMÍA DECRECE

QUÉ OCURRE

« RECESIÓN ES CUANDO TU VECINO SE QUEDA SIN TRABAJO; CUANDO TE PASA A TI, SE LLAMA DEPRESIÓN.»
H. TRUMAN

BAJA LA CONFIANZA

MENOR GASTO INDIVIDUAL Y EMPRESARIAL

CÍRCULO VICIOSO

LOS BANCOS PRESTAN MENOS

DESPIDOS

CAE LA BOLSA

CAUSAS

EXPLOTA LA BURBUJA

SUBEN LOS TIPOS DE INTERÉS

INFLACIÓN

PRECIO DEL PETRÓLEO

SUCESOS GRAVES

Recesión

La recesión económica es el período de tiempo en el que la economía decrece en lugar de crecer. De forma más específica, los economistas llaman así al momento en el que el PIB baja al menos en dos trimestres consecutivos.

Qué ocurre

Las recesiones son caídas económicas. A veces pueden ser leves y la economía (puede que con ayuda del gobierno) se recupera tan solo unos meses después. Otras veces pueden ser muy graves. Así es como se desarrolla una recesión:

› **Cae la confianza:** los individuos y los gobiernos empiezan a preocuparse por la economía. Como están preocupados, gastan menos.
› **Los beneficios disminuyen:** como la gente y las empresas gastan menos, las empresas ven reducirse sus beneficios o tienen pérdidas.
› **Los trabajadores pierden su empleo:** al tener menos beneficios, las empresas intentan reducir costes, y esto se traduce en despidos.
› **Cae la bolsa:** si las empresas ganan menos, sus acciones valen menos. La caída de las acciones multiplica el problema: los individuos y las empresas se sienten menos ricos (porque sus inversiones valen menos) y gastan aún menos.
› **Los bancos prestan menos:** con la economía cayendo en picado, los bancos empiezan a preocuparse ante la posibilidad de que la gente no devuelva los préstamos. El recorte en los préstamos también multiplica el problema.

Causas

La recesión es un período complicado, y ni siquiera los expertos se ponen de acuerdo acerca de las causas exactas. Algunas, al menos parcialmente, son las siguientes:

› Cuando explota una burbuja
  › Si se dispara el precio de una inversión en particular —por encima de su valor real—, se dice que existe una burbuja. Cuando la burbuja explota, el precio de la inversión cae muy rápido y puede arrastrar otros precios con ella.
› Tipos de interés en alza
  › Los tipos de interés más altos pisan el freno de la economía.
› Inflación
  › Una inflación muy alta dificulta que la economía progrese.
› Precio del petróleo.
  › Varias recesiones históricas fueron provocadas al menos en parte por picos repentinos en el precio del petróleo.
› Desastres
  › Los atentados, pandemias o desastres naturales contribuyen a generar una recesión porque desequilibran la economía en general y los ingresos y la confianza de los consumidores.

Cómo termina

La economía suele avanzar en ciclos: el crecimiento es la parte ascendente de la curva mientras que la recesión corresponde a la fase descendente. Las recesiones siempre llegan a su fin, a menudo con la ayuda de las políticas públicas del gobierno para darle la vuelta a la tortilla.

Curiosidades

> ›   La duración media de un período de recesión en Estados Unidos es de un año y medio.

> ›   La crisis inmobiliaria española iniciada en 2008, en un contexto económico mundial adverso, provocó el aumento del desempleo, de los desahucios, quiebra de empresas y serias dificultades de las entidades financieras que obligaron a profundas reformas del sistema.

Conclusiones

> ›   Una recesión es un período en el que la economía decrece.

> ›   Durante una recesión, la confianza disminuye, los beneficios se reducen y crece el desempleo.

> ›   Aunque una recesión puede parecer terrible cuando estás inmerso en ella, las recesiones en los países desarrollados siempre acaban terminando.

Con una planificación cuidadosa, trabajo duro y una cuenta de Netflix compartida con otras cinco personas, puedes superar una recesión.
—Tus finanzas en una servilleta ☺

El Banco Central Europeo (BCE)

El BCE es el banco central de los países de la Unión Europea que usan el euro. Por lo tanto, es la institución que gestiona esa moneda y su función principal es conservar la estabilidad de precios, es decir, mantener la inflación baja.

Un banco central no es un banco comercial. Los ciudadanos no pueden abrir cuentas ni solicitar préstamos al banco central. Actúa como banco para los bancos comerciales.

EL BCE

QUÉ

EL BANCO CENTRAL EUROPEO

ES EL BANCO CENTRAL DE LOS PAÍSES DE LA UNIÓN EUROPEA QUE USAN EL EURO

OBJETIVO

CONSERVAR LA ESTABILIDAD DE PRECIOS = **MANTENER LA INFLACIÓN BAJA**

CÓMO

BANCO

COMPRANDO ACTIVOS   **FIJANDO LOS TIPOS DE INTERÉS**   **CONCEDIENDO PRÉSTAMOS A LOS BANCOS**

¿POLÍTICO?
EL BANCO CENTRAL EUROPEO DEBE SER INDEPENDIENTE DE LA POLÍTICA

Objetivos

El objetivo prioritario del BCE es el mantenimiento de la estabilidad de precios en la zona del euro. Esto es importante para que las empresas tengan seguridad a la hora de planear sus inversiones para el futuro y para que mañana los ciudadanos puedan comprar con su dinero tantas cosas como hoy.

El BCE también contribuye a la seguridad y la solidez del sistema bancario europeo, a fin de garantizar que el dinero de los ciudadanos esté seguro en el banco.

Cómo lo consigue

Estos son los instrumentos de política monetaria que tiene el BCE:

> › Fijación de los tipos de interés: una de las decisiones principales es la determinación del «coste del dinero» al que presta a los bancos comerciales. Modificando este tipo de interés, el BCE influye sobre el volumen y el coste del crédito que llega finalmente a las empresas y los hogares.
> › Concesión de préstamos a los bancos: los bancos comerciales pueden acudir al BCE para pedir prestado, y así apoyar el flujo de crédito a los hogares y a las empresas, lo que contribuye a mantener la estabilidad del sistema financiero.
> › Compras de activos: durante las crisis financieras el BCE ha aplicado medidas «no convencionales». Un ejemplo es el programa de compra de bonos soberanos, lo que puede reconducir la economía a una senda de crecimiento sostenible.

Importante

Como el BCE puede tener que tomar decisiones que no gusten a los partidos en el poder —como subir los tipos cuando la economía esté en peligro—, debe ser independiente de la política. Sin embargo han corrido rumores de muchos que han intentado ejercer influencia y por tanto sus autoridades están obligadas a rendir cuentas en audiencias públicas ante miembros del Parlamento Europeo.

Curiosidades

› Los billetes de euro incorporan en el anverso imágenes de ventanas y puertas, símbolo de la apertura de la Unión Europea. En el reverso aparecen puentes, que representan el vínculo entre sus miembros. Se eligió utilizar puentes ficticios para que ningún Estado se sintiera molesto por quedarse fuera.
› Las decisiones del BCE tienen un impacto directo en la economía de la zona del euro, lo que significa que pueden influir en la vida de sus 340 millones de habitantes.

Conclusiones

› El BCE es la institución que asume la responsabilidad de la política monetaria de la zona del euro y su objetivo primordial de mantener la estabilidad de precios.
› Controla principalmente los tipos de interés y puede influir en el sistema financiero de otras formas, en función de las necesidades en cada momento.

El BCE es el órgano regulador de la economía financiera, de la misma forma que Tinder es el órgano regulador de tu vida amorosa.
—Tus finanzas en una servilleta ☺

Cuestionario

1. **PIB son las siglas de:**
   a. Productos Imposibles de Buscar, e indica el desabastecimiento del mercado.
   b. Producto Interior Bruto, e indica el valor total de los bienes y servicios que un país produce en un período de tiempo concreto.
   c. Producción e Ingreso Bruto, e indica la media de beneficios de una economía a lo largo de una jornada.
   d. Pulso Interno a la Banca, el nombre del canal de YouTube de una organización que publica vídeos de anarquistas haciendo *parkour*.

2. **El PIB se considera el mejor medidor de:**
   a. El estado general de la economía.
   b. El nivel de inflación.
   c. El retorno de la inversión de tu carrera universitaria.
   d. Las posibilidades que tienes de Pedir Infinitas Becas para estudiar un máster.

3. **Entre los componentes del PIB se incluye todo lo siguiente excepto:**
   a. La inversión.
   b. El gasto público.
   c. Las transacciones en la economía sumergida.
   d. Las exportaciones menos las importaciones.

4. **Verdadero o falso: China es la mayor economía mundial.**
   ○ Verdadero   ○ Falso

5. **La inflación ocurre cuando:**
   a. El gobierno exagera el PIB.
   b. Tu cita de Tinder exagera su altura.
   c. Comes demasiados burritos.
   d. El precio de los bienes y servicios crece con el paso del tiempo.

6. **La inflación es:**
   a. Siempre mala, porque implica que las cosas cuesten más, y por eso la gente compra menos cosas.
   b. Buena, siempre y cuando siga un ritmo lento y constante.
   c. Mala, porque quieres poder llevar tacones para salir de fiesta.
   d. Otra forma de hacerte sentir inútil.

7. **La deflación es:**
   a. Lo que hacen los niños con los balones de fútbol.
   b. Lo que le hace a tu ego la persona que te gusta.
   c. El crecimiento económico en valores negativos.
   d. La caída de los precios de los bienes y servicios con el paso del tiempo.

8. **La recesión es un período de tiempo en el que:**
   a. El crecimiento económico es negativo.
   b. Baja el desempleo.
   c. Tu serie preferida está de descanso entre temporada y temporada.
   d. Tus folículos capilares dicen «¡hasta lueguito!».

9. **Algunas de las cosas que suelen pasar durante una recesión son todas estas excepto:**
   a. Caen las acciones en bolsa.
   b. Los trabajadores pierden sus empleos.
   c. El gobierno deja de funcionar.
   d. Los bancos prestan menos dinero.

10. **Verdadero o falso: las recesiones en los países desarrollados siempre acaban terminando tarde o temprano.**

    ○ Verdadero   ○ Falso

11. **El BCE es:**

    a. El banco central de los países de la Unión Europea que usan el euro.
    b. El principal banco comercial de España.
    c. Una película de Javier Bardem.
    d. El suministro de agua de reserva en Europa.

12. **El objetivo prioritario del BCE es:**

    a. Que parezca que hay alguien al volante.
    b. Maximizar el crecimiento anual del PIB.
    c. Conservar la estabilidad de precios en la zona del euro.
    d. Conseguir un selfi con Mark Zuckerberg.

13. **La principal herramienta que tiene el BCE para cumplir sus objetivos es:**

    a. Penalizar a las empresas que suben excesivamente sus precios.
    b. Subir o bajar los tipos de interés a los que prestan dinero a los bancos comerciales.
    c. Tirar bolsas de dinero desde el cielo cuando la economía está pasando por un bache.
    d. Llaves Allen de Ikea.

14. **Verdadero o falso: el BCE debería ser independiente en materia política porque a veces debe tomar decisiones que ralenticen el crecimiento económico.**

    ○ Verdadero   ○ Falso

Respuestas

1. b	**5.** d	**9.** c	**13.** b
2. a	**6.** b	**10.** V	**14.** V
3. c	**7.** d	**11.** a	
4. F	**8.** a	**12.** c	

En resumidas cuentas

NEGOCIOS

ESTADOS FINANCIEROS

QUÉ

INFORMES SOBRE LA SALUD Y EL RENDIMIENTO DE UNA EMPRESA

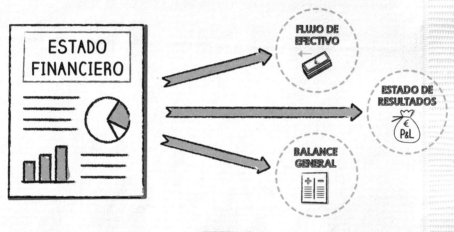

ESTADO FINANCIERO

FLUJO DE EFECTIVO

ESTADO DE RESULTADOS
P&L

BALANCE GENERAL

POR QUÉ

NIVEL INTERNO

 ¿CRECIMIENTO CONTROLADO?

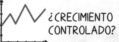 ¿DINERO SUFICIENTE?

 GESTIÓN DE RECURSOS

NIVEL EXTERNO

 ¿BUENA INVERSIÓN?

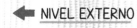 EVALUAR GESTIÓN

 ¿BANDERAS ROJAS?

Estados financieros

Los estados financieros son los informes que una empresa genera para evaluar su rendimiento.

Tipos

Una empresa suele encargar tres tipos de estados financieros:

Qué	Demuestra	Es importante porque
Balance general	Lo que tiene en su haber la empresa y lo que debe en un momento determinado.	Puede demostrar que la empresa tiene recursos para cumplir con sus obligaciones.
Estado de resultados o «pérdidas y ganancias»	Ventas, gastos y beneficios en un período determinado de tiempo, por ejemplo un año.	Las tendencias de los beneficios son muy importantes para los inversores externos y para la propia empresa.
Estado de flujo de efectivo	El dinero entrante y el saliente durante un período determinado de tiempo.	Los beneficios y el dinero miden cosas distintas, pero ambos son importantes. Por ejemplo, la declaración del flujo de dinero demuestra que los clientes están pagando sus facturas.

Por qué son importantes

Los estados financieros son útiles para la propia empresa porque pueden mostrar varias cosas:

› Qué partes del negocio van bien y cuáles tienen dificultades.
› Si los beneficios generales están disminuyendo o creciendo, y cuánto.

> Si la compañía tiene suficiente dinero para seguir en funcionamiento.
> Si la deuda de la empresa es razonable.

Aparte de los inversores, los reguladores y otros usuarios también se valen de los estados financieros para:

> Decidir si comprar o no una acción en una empresa y predecir los beneficios futuros.
> Decidir si una empresa es susceptible de devolver un préstamo.
> Intentar garantizar que la empresa no está maquillando sus cuentas o haciendo algo ilegal.
> Evaluar si los directores están tomando buenas decisiones acerca de en qué partes del negocio invertir.

Curiosidades

> Un truco contable creativo clásico es clasificar erróneamente los gastos propios del negocio de una empresa como «inversiones». Al hacer eso, la empresa no tiene que rendir cuentas de sus gastos en la declaración de ingresos, y eso infla los beneficios. (Sí, te estamos mirando a ti, WoldCom.)
> Los contables son quienes cuentan los votos en los Óscar (y fue culpa suya anunciar por error que *La La Land* había ganado la estatuilla a Mejor Película).

Conclusiones

> Los estados financieros miden el rendimiento económico de una empresa.
> Los estados principales son el balance general, el estado de resultados y el de flujo de efectivo.

Un estado financiero es el equivalente empresarial al «¿Qué tal todo?».
—Tus finanzas en una servilleta ☺

PÉRDIDAS Y GANANCIAS

O ESTADO DE RESULTADOS

QUÉ

INGRESOS Y GASTOS DE UNA EMPRESA ➡ EN UN PERÍODO DE TIEMPO

 **INCLUYE**

 **POR QUÉ ES IMPORTANTE**

INGRESOS
(VENTAS)

— GASTOS

= INGRESOS NETOS
O BENEFICIOS
O PÉRDIDAS
NETAS

¿GANAMOS DINERO?

¿HAN CAMBIADO LOS GASTOS?

¿PRODUCTOS MÁS EXITOSOS?

¿BUENA INVERSIÓN?

 LA FRASE «EN RESUMIDAS CUENTAS» VIENE DE AQUÍ

- -

PORQUE LOS BENEFICIOS SON EL RESUMEN DE UNA EMPRESA EN EL ESTADO DE RESULTADOS

Pérdidas y ganancias

Una declaración de pérdidas y ganancias, también llamada estado de resultados, detalla el dinero que ha ganado una empresa y lo que ha gastado en un período determinado de tiempo.

La fórmula básica del estado de resultados es la siguiente:

Ingresos (ventas) − Gastos = Beneficios (ingresos netos o pérdidas netas)

Qué incluye

Los ingresos, o las ventas, son algo muy claro: consiste en ponerle el símbolo de la divisa del país a lo que la empresa ha vendido en sus actividades empresariales principales. En el caso de una tienda de ropa, los ingresos serían el total de ventas durante el período que nos ocupe (una vez aplicados los descuentos y restadas las devoluciones).

En los gastos se incluye una gran variedad de desembolsos como:

› El coste de lo que has vendido, por ejemplo, cuánto paga la tienda por las prendas de ropa vendidas.

› Los salarios de los empleados.

› El coste del alquiler, los gastos de luz y agua, los registros, el marketing y otros gastos básicos derivados del negocio.

› La depreciación. Imaginemos que la tienda tiene un camión propio. Cada año que pasa el camión se hace más viejo y pierde un poco de su valor. Esa pérdida se registra a través de la depreciación.

› Los intereses de las posibles deudas.

› Los impuestos.

Por qué es importante

› Un estado de resultados sirve para ver si el negocio ha generado beneficios durante un período de tiempo determinado y para cuantificar las ganancias y las pérdidas.

› Estudiar la rentabilidad de las distintas áreas del negocio puede ayudar a la empresa a mejorar su rendimiento. Por ejemplo, si la tienda de ropa gana un 25% de beneficios con las joyas pero solo un 10% con los pantalones vaqueros, puede decidir vender más joyas y menos vaqueros.

› Los inversores potenciales pueden pedir ver los estados de resultados de varios períodos anteriores antes de desembolsar su dinero.

Curiosidades

› Hasta 2020 Tesla no había obtenido beneficios anuales, y aun así la empresa valía (y vale) miles de millones de dólares (es así porque los inversores creen que algún día tendrá muchísimos beneficios).

› El expresidente de Tyco, Dennis Kozlowsky, intentó colar una cortina de ducha dorada y burdeos de 6.000 dólares como un gasto de la empresa antes de ir a la cárcel.

Conclusiones

› Un estado de resultados detalla las ventas, los gastos y los beneficios de una empresa durante un período determinado de tiempo.

› Puede proporcionar información válida para la propia empresa a la hora de tomar decisiones sobre el negocio, y también para los posibles inversores.

Mejor haber tenido ganancias y pérdidas que no haber ganado nada nunca.
—Tus finanzas en una servilleta 😊

BALANCE GENERAL

QUÉ

LO QUE UNA EMPRESA TIENE EN SU **HABER** Y LO QUE **DEBE** EN UN MOMENTO DETERMINADO

ACTIVOS = PASIVOS + PATRIMONIO

ACTIVOS	PASIVOS	PATRIMONIO
DINERO	DEUDA	CAPITAL APORTADO
MAQUINARIA	CUENTAS POR PAGAR	GANANCIAS RETENIDAS
TIERRAS	IMPUESTOS POR PAGAR	

IMPORTANTE
LOS BALANCES GENERALES NO LO CAPTAN TODO

POR QUÉ ES IMPORTANTE

DETERMINA LA SALUD FINANCIERA

AYUDA A CONSEGUIR PRÉSTAMOS

EVALÚA LA COMPAÑÍA

EL MONITOR DE CONTROL CAMBIA CON EL TIEMPO

Balance general

Un balance general es una fotografía de la salud financiera y refleja lo que una empresa o un individuo tiene y debe en un momento determinado.

Información básica

Los balances generales siempre siguen la misma fórmula:

$$Activos = Pasivos + Patrimonio$$

Un activo es un recurso que le pertenece a la compañía. Un pasivo es una obligación que exigirá que la empresa —o tú— gaste recursos en ella en el futuro. El patrimonio neto es lo que queda de los activos tras restarles los pasivos.

Qué incluye

En un balance general deben figurar algunos de estos elementos:

Activos	Pasivos	Acciones
Dinero e inversiones	Deuda	Capital aportado (por ejemplo, la inversión de los propietarios en el negocio)
Cuentas por cobrar	Cuentas por pagar	
Inventario	Salarios adeudados	
Maquinaria	Impuestos por pagar	Ganancias retenidas (por ejemplo, beneficios acumulados)
Tierras	Ingresos no devengados	

Cómo se usa

Los inversores pueden usar el balance general para:

› Comprobar cuánto valen las acciones de la empresa.
› Evaluar la salud financiera de la empresa.

Los prestamistas pueden usar el balance general para:

› Decidir si prestar o no más dinero a la empresa.
› Averiguar si la empresa es potencial pagadora del dinero solicitado.

Los miembros de la empresa pueden usar el balance general para:

› Garantizar que hay dinero suficiente para los gastos futuros.
› Visualizar el cambio en los activos y los pasivos de un año para otro.

> *«El pasivo de una persona es el activo de otra.»*
>
> —PAUL KRUGMAN, ECONOMISTA GANADOR DEL PREMIO NOBEL

Curiosidades

› Los balances generales no siempre captan la fotografía completa. Por ejemplo, no cuentan que la marca sea estupenda o que la empresa tenga buenos empleados como activo, aunque lo son y pueden generar importantes beneficios.
› La expresión «maquillar las cuentas» no viene de ningún fraude financiero relacionado con una empresa de estética, sino que significa eso, adornar o disimular las cuentas de un balance general, como se hace en la piel con el maquillaje.

Conclusiones

› Un balance general refleja los activos y los pasivos de una empresa o un individuo en un momento dado.

› Los balances generales son útiles para los inversores, los prestamistas y los miembros de la empresa con distintos fines.

Los balances generales gozarían de mayor popularidad si uno supiera hacia qué lado se va a inclinar la balanza antes de empezar.
—Tus finanzas en una servilleta

Pasivos

Un pasivo es algo que exigirá que una empresa o un individuo gaste dinero o recursos en él en el futuro. Por ejemplo, tus préstamos son un pasivo porque tendrás que devolverlos.

Tipos

Las empresas y las personas tienen toda una variedad de pasivos:

Empresas	Individuos
Bonos	Crédito gastado de la tarjeta
Dinero por pagar a los proveedores	Préstamo del coche
Dinero adeudado a los empleados	Hipotecas
Impuestos adeudados	Facturas impagadas
Pagos de pensiones para jubilados	Cualquier cosa que hayas prometido hacer en el futuro

PASIVO

 QUÉ

 TIPOS

OBLIGACIÓN
DE UNA
PERSONA O
UNA EMPRESA

PASIVOS INDIVIDUALES

TARJETA DE
CRÉDITO

PRÉSTAMO
DEL COCHE

HIPOTECAS

OBLIGACIONES
FUTURAS

BUENO O MALO

PASIVOS EMPRESARIALES

BONOS

OTRAS DEUDAS

PUEDE HACER
CRECER EL NEGOCIO

HAY QUE DEVOLVERLOS
EN EL FUTURO

IMPUESTOS
ADEUDADOS

PAGOS DE PENSIONES

¿Bueno o malo?

Aunque la palabra «pasivo» pueda sonar mal (o te recuerde el riesgo de ser fumador pasivo), tener pasivos puede ser útil. Si pides un préstamo a tu familia para comprarte una bicicleta para poder ir a la universidad, hay muchas posibilidades de que termines ganando dinero como resultado.

Si una empresa contrae una deuda para impulsar su negocio, puede salir económicamente más fuerte del envite. Y si la empresa tiene pasivos porque debe impuestos derivados de sus beneficios o debe dinero a sus empleados porque el negocio ha ido bien, esos pasivos no son necesariamente algo malo.

Los pasivos pueden ayudar a predecir salidas de dinero en el futuro, pero en sí mismos no son necesariamente buenos ni malos.

Curiosidades

› Recibir dinero puede generar pasivos. Si una empresa cobra por adelantado, tiene que generar un pasivo por el ingreso no devengado (es decir, le debe algo al cliente).
› Otro clásico de los trucos contables es cuando una empresa crea una entidad legal independiente para comprar sus activos tóxicos o contraer deuda adicional en su nombre. Si la nueva entidad es legalmente independiente, la empresa matriz no tendría por qué incluir información en sus estados financieros. (Sí, te estamos mirando a ti, Enron.)

Conclusiones

› Un pasivo es algo que en lo que tú, otro individuo o una empresa tiene que gastar dinero o esfuerzo en el futuro.
› Cualquier tipo de deuda cuenta generalmente como pasivo, al igual que las promesas de prestar servicios en el futuro.

› Aunque los pasivos pueden representar dinero a deber, no son necesariamente algo malo.

Algunos ejemplos de pasivos son las deudas, los pleitos y un invitado borracho como una cuba en una boda. —Tus finanzas en una servilleta ☺

Cuestionario

1. **Las empresas pueden utilizar sus estados financieros de forma interna para:**
   a. Averiguar quién ha estado robando folios en blanco.
   b. Averiguar cuánto papel higiénico gastan al mes.
   c. Averiguar qué tipo de fraude contable es mejor usar para librarse de una inspección.
   d. Averiguar qué bienes y servicios se venden mejor.

2. **Los agentes externos pueden usar los estados financieros de una empresa para:**
   a. Suplantar su identidad y reclamar las devoluciones de impuestos.
   b. Ponerle nota a la junta directiva en términos de atractivo.
   c. Encontrar su punto débil y destruirlo como a la Estrella de la Muerte.
   d. Decidir si invertir o no.

3. **Los estados financieros principales incluyen todo lo siguiente excepto:**
   a. Balance general.
   b. Estado de beneficios y pasivos.
   c. Estado de flujo de efectivo.
   d. Estado de resultados.

4. **Verdadero o falso: las pérdidas y ganancias y el estado de resultados son lo mismo.**

○ Verdadero   ○ Falso

5. **La fórmula básica del estado de resultados es:**

   a. Ingresos – Gastos = Beneficios
   b. Activos = Pasivos – Patrimonio
   c. Dinero = Felicidad
   d. Adquisiciones de Bitcoins hace tiempo + Acciones de la OPV de Google = Yate

6. **Entre los gastos puede incluirse:**

   a. Las horas gastadas en mantener conversaciones inútiles en la oficina que nunca recuperarás.
   b. Los partidos de fútbol perdidos con el equipo de la oficina.
   c. Los salarios de los empleados y el coste de tus ventas.
   d. Los dividendos pagados a los accionistas.

7. **Verdadero o falso: para que las acciones de una empresa tengan algún valor, deben tener beneficios.**

○ Verdadero   ○ Falso

8. **El balance general refleja:**

   a. Las entradas y salidas de capital durante un período concreto de tiempo.
   b. Lo que una empresa posee y lo que debe en un momento concreto.
   c. Lo que la empresa ha pagado en forma de gastos el año anterior.
   d. El equilibrio del PH de una empresa.

9. **Entre los tipos de activos se encuentran todos los siguientes excepto:**

   a. Efectivo.
   b. Maquinaria.
   c. Nivel medio de estudios de los empleados.
   d. Terrenos.

10. **Verdadero o falso: el patrimonio es lo que queda de los activos de una empresa después de restar los pasivos.**

    ○ Verdadero ○ Falso

11. **Los pasivos de una empresa pueden incluir:**
    a. El coste de los productos vendidos.
    b. Las conversaciones obligatorias con las parejas de los empleados en las cenas de empresa.
    c. Los gastos en kétchup para los empleados milenials.
    d. El dinero que se debe a proveedores, empleados u otros.

12. **Los pasivos individuales pueden incluir:**
    a. La deuda de la tarjeta de crédito y los préstamos en general.
    b. Las transferencias automáticas programadas a tu cuenta de ahorros.
    c. La incapacidad de no escribirle a tu ex cuando has bebido demasiado.
    d. Olvidar borrar el historial de tu buscador.

13. **Verdadero o falso: recibir dinero por un trabajo que tu empresa aún no ha completado genera un pasivo.**

    ○ Verdadero ○ Falso

Respuestas

1. d	**5.** a	**9.** c	**13.** V
2. d	**6.** c	**10.** V	
3. b	**7.** F	**11.** d	
4. V	**8.** b	**12.** a	

El futuro del dinero

CRIPTOMONEDA

CRIPTOMONEDA

QUÉ

DIVISAS DIGITALES QUE PUEDEN ENVIARSE VÍA ELECTRÓNICA

CRIPTO
CIFRADO DIGITAL

200 € = 0.026 ฿ ENVIAR

DIVISA
SISTEMA DE DINERO

€

 **CRIPTOMONEDA** VS **DINERO FIAT**

DESCENTRALIZADO	CENTRALIZADO
MEDIO DE INTERCAMBIO DIGITAL	MEDIO DE INTERCAMBIO FÍSICO
SUMINISTRO LIMITADO	SUMINISTRO ILIMITADO
NUEVO	BIEN ESTABLECIDO
ANÓNIMO	NO ANÓNIMO

RIESGO

⚠ HACKERS
⚠ ESTAFAS
⚠ SIN PROTECCIÓN
⚠ VOLATILIDAD

EJEMPLOS

BITCOIN ETHEREUM RIPPLE BCASH EOS STELLAR LITECOIN CARDANO IOTA TETHER

Criptomoneda

La criptomoneda es dinero digital que puede enviarse por vía electrónica a cualquier rincón del mundo.

Criptomoneda vs. dinero tradicional

La criptomoneda es un sistema que utiliza un cifrado avanzado (o encriptado, de ahí su nombre) y una red virtual de usuarios para funcionar, a diferencia de las divisas tradicionales, que tienen el respaldo de un gobierno. Esto es lo que significa esa diferencia:

Criptomoneda	Dinero con respaldo legal (tradicional)
Descentralizado: ningún individuo ni ningún gobierno controla la criptomoneda.	Centralizado: las divisas tradicionales las emiten y regulan las entidades gubernamentales.
Digital: la criptomoneda solo existe en el mundo virtual y solo puede intercambiarse en línea (aunque algunas empresas te pueden vender objetos que describen como Bitcoins físicos).	Físico: el dinero tradicional puede existir en el mundo digital, por ejemplo, en tu cuenta bancaria, pero también existe en forma de billetes y monedas físicos.
Suministro limitado: la criptomoneda se suele generar con un límite. Este hecho puede ayudar a mantener su valor con el tiempo.	Suministro ilimitado: los gobiernos siempre pueden emitir más dinero, y eso puede hacer que el dinero fiat (creado por una ley que le otorga reconocimiento oficial) pierda valor por la inflación.
Anónimo: las transacciones con criptomoneda no se pueden rastrear para averiguar la identidad de los operadores.	No anónimo: las transacciones tradicionales se pueden rastrear.
Nuevo: la primera criptomoneda, Bitcoin, se lanzó en 2009.	Ya establecido: la moneda tradicional lleva eones en curso.

Hacerse rico rápido corriendo muchos riesgos

La criptomoneda es un ámbito emocionante pero muy controvertido del mundo de las finanzas.

Algunos inversores se han hecho millonarios casi de la noche a la mañana, pues la criptomoneda ha visto disparado su valor. Pero con la posibilidad de obtener grandes beneficios va de la mano la posibilidad de tener grandes pérdidas. Los riesgos de invertir en criptomoneda son los siguientes:

› Hackers: las carteras digitales, donde se almacena la criptomoneda, pueden ser vulnerables en términos de seguridad frente a la piratería.

› Estafas: los timadores pueden anunciar una criptomoneda nueva falsa que luego desaparezca de un día para otro.

› Falta de protección: si tu criptomoneda desaparece o pasa a valer 0 mañana, posiblemente no puedas hacer nada.

› Volatilidad: los precios de las criptomonedas pueden pasar de cero a miles de euros, y luego volver a cero en un santiamén. A su lado, la bolsa de valores parece un animalito inofensivo.

Curiosidades

› En 2019 existían más de 2.000 tipos de criptomonedas, y su valor combinado ascendía a más de 100.000 millones de dólares.

> «Las monedas virtuales... pueden resultar prometedoras a largo plazo, sobre todo si las innovaciones promueven un sistema de pago más rápido, seguro y eficiente.»
>
> —BEN BERNANKE, EXPRESIDENTE DE LA RESERVA GENERAL DE ESTADOS UNIDOS

> Los nuevos criptomillonarios tienen algo más en común: a todos les gustan las cartas de «Magic: The Gathering». Los precios de las cartas de Magic más valoradas se han multiplicado por diez en los últimos años debido al interés de los inversores en criptomoneda.

> ¿Buscas otra forma de gastarte tu criptofortuna? Prueba CryptoKitties, un juego de cadena de bloques (*blockchain*) para reunir y vender gatos digitales. Un criptogatito llegó a venderse por 170.000 dólares.

Conclusiones

> La criptomoneda es dinero digital que existe *online* a través de una red de usuarios.

> A diferencia de las divisas tradicionales, la criptomoneda no la controla ningún gobierno ni otra entidad.

> Algunos inversores en criptomoneda se han hecho ricos muy rápido, pero la inversión entraña grandes riesgos.

Las criptomonedas no se pueden falsificar, a diferencia de un bolso Louis Vuitton comprado en el top manta. Tus finanzas en una servilleta ☺

Bitcoin

El Bitcoin es la primera, y sin duda la más famosa, criptomoneda del mundo.

El camino del éxito

2008: la economía mundial es un desastre, y la fe en el sistema financiero tradicional escasea. Un autor que se hace llamar Satoshi Nakamoto, cuyo

ITCOIN

QUIÉN

CREADOR DESCONOCIDO

AKA
SATOSHI NAKAMOTO

QUÉ

LA CRIPTOMONEDA MÁS CONOCIDA

DINERO DIGITAL

SE INTERCAMBIA ENTRE PARES (P2P)

CARACTERÍSTICAS

RÁPIDO	ANÓNIMO	SIN TASAS	NO HACE FALTA CUENTA BANCARIA	DESCENTRALIZADO	GLOBAL

        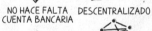

RIESGOS

POR EJEMPLO

VOLATILIDAD

DÓNDE

SE ALMACENA

CARTERA BITCOIN

BTC 2.08454166

CÓMO

SE CONSIGUE

COMPRA

RECEPCIÓN

«MINERÍA»

nombre real se desconoce, publica un artículo donde explica el funcionamiento de una posible moneda entre pares.

2009: Satoshi «mina» el primer bloque de Bitcoins, que sería el equivalente de los primeros billetes impresos de una moneda. Se fija entonces el primer tipo de cambio de Bitcoins a dólares, que posibilita la compra de Bitcoins.

2010: un hombre en Florida paga dos pizzas con 10.000 Bitcoins. Es la primera compra física con la moneda.

2012–2013: el precio de un Bitcoin franquea la barrera de los 100 dólares, y luego la de los 1.000.

2014–2018: los Bitcoins se hacen famosos. Se convierte en una forma de pago aceptada por PayPal y otras grandes empresas. En 2018, según un estudio realizado en España, un 10% de los encuestados reconoce ser inversor de Bitcoins.

2019–2021: a comienzos de este período cada bitcoin se negociaba en 3.000 euros, pero en diciembre de 2020 ya se valoraba en 20.000 euros. A comienzos de 2021 alcanza su récord histórico y supera los 45.000 euros.

> «El Bitcoin les hará a los bancos lo que el e-mail le hizo al correo postal.»
> —RICK FALVINGE, AGITADOR TECNOLÓGICO

Cómo conseguirlos

Hay tres formas de conseguir Bitcoins:

› Compra: puedes comprar Bitcoins con otra moneda, por ejemplo, euros, al igual que puedes cambiar libras por dólares u otras divisas tradicionales.

> › Recepción: puedes intercambiar bienes o servicios por Bitcoins.
> › Minería: puedes hacerte minero de Bitcoins, que consiste en invertir una gran cantidad de poder computacional en resolver complejos problemas matemáticos cuya recompensa son Bitcoins.

«Si no te lo crees o no lo entiendes, no tengo tiempo para intentar convencerte, lo lamento.»

—SATOSHI NAKAMOTO, CREADOR DEL PROTOCOLO BITCOIN

Puede ir muy bien o muy mal

El Bitcoin es la criptomoneda más implantada, pero está muy lejos de estar domesticada. En su corta vida, su precio ha pasado de menos de 0,01 euros a casi 20.000 euros, luego a perder más del 80% de su valor y remontar hasta alcanzar máximos de alrededor de 45.000 €.

Curiosidades

> › Los Bitcoins con los que el cliente de Florida compró las pizzas de las que hablamos antes habrían llegado a valer varios millones de euros si no se hubiese desprendido de ellos.
> › Un desafortunado galés perdió unos 100 millones de euros en Bitcoins cuando tiró el disco duro de su ordenador. La máquina está ahora enterrada en un vertedero cerca de su casa.
> › Se dice que los gemelos Winklevoss (famosos por inspirar la trama de la película *La red social* y por haber demandado a Mark Zuckerberg alegando que el fundador de Facebook les había robado la idea) invirtieron en Bitcoins cuando apenas se estaban dando a conocer, convirtiéndose en los primeros millonarios de esta criptomoneda.

Conclusiones

› El Bitcoin es la primera criptomoneda que hubo y la más establecida hoy en día.

› Aunque puedes usar Bitcoins con algunas empresas importantes, aún no se acepta en todas partes y su precio puede oscilar de forma impredecible.

› Puedes conseguir Bitcoins comprándolos, recibiéndolos o a través del método de la minería.

No hay nada más divertido que escuchar a alguien que acaba de aprender lo que son los Bitcoins explicándoselo a alguien que nunca ha oído hablar de ellos. —Tus finanzas en una servilleta ☺

ICO: oferta inicial de monedas

Una oferta inicial de monedas, ICO por sus siglas en inglés, es un método que tienen las empresas para ganar dinero inventando y emitiendo un nuevo tipo de moneda digital. Generalmente, los primeros inversores suelen tener una participación en la compañía (por ejemplo, cuando invierten en la OPV). Con una ICO, los inversores reciben en lugar de eso una nueva moneda que puede acabar valiendo mucho dinero real o resultar inútil.

Cómo funciona

Durante una campaña ICO:

› Una empresa vende *tokens* en una oferta inicial.

› Los que la apoyan compran estos *tokens*, generalmente a cambio de otra moneda virtual mejor establecida, como Ethereum o Bitcoin.

› Si se alcanza la cantidad mínima necesaria en el marco de tiempo establecido, los *tokens* se convierten en la nueva criptomoneda.

ICO
OFERTA INICIAL DE MONEDAS

QUÉ

MÉTODO EMPRESARIAL PARA GANAR DINERO

CÓMO

VENDIENDO *CRYPT-O-TOKENS*

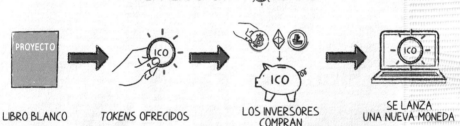

PROYECTO		LOS INVERSORES	
LIBRO BLANCO	*TOKENS* OFRECIDOS	COMPRAN	SE LANZA UNA NUEVA MONEDA

POR QUÉ LAS *START-UPS*
♥ ICOS

FINANCIACIÓN MÁS BARATA

MÁS CONTROL

SIN PÉRDIDA DE PROPIEDAD

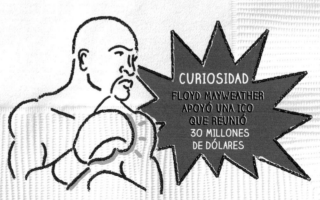

CURIOSIDAD
FLOYD MAYWEATHER APOYÓ UNA ICO QUE REUNIÓ 30 MILLONES DE DÓLARES

> Si el dinero reunido no alcanza la cantidad mínima establecida, los fondos se devuelven a los inversores.

Por qué a las *start-ups* les encantan las ICO

Las ICO ofrecen muchos beneficios para las empresas que las usan, entre ellos:

> Financiación más barata: es más fácil y más barato para las empresas lanzar una ICO que una OPV.

> Sin pérdida de propiedad: cuando una empresa vende acciones, los dueños originales ven reducidas sus cotas de propiedad. Con una ICO, los propietarios ya existentes conservan lo que tienen.

> Más control: cuando una firma de capital riesgo invierte en una *start-up*, suele adquirir voz y voto en los negocios de la empresa. Con una ICO, los fundadores mantienen el control.

Pros y contras para los inversores

Pros	Contras
Oportunidad de entrar en una *start-up* de éxito.	Poca información.
	Falta de regulación.
Pueden disfrutar de ser parte de un movimiento disruptivo.	Puede ser difícil salir de una inversión.
	Riesgo de que los *hackers* roben los fondos.
Posibilidad de ganar mucho dinero.	El valor de los *tokens* puede fluctuar mucho.
	Riesgo de estafas.

Curiosidades

› Los deportistas y los famosos se están apuntando al carro de las ICO. Floyd Mayweather Jr. impulsó una ICO para un mercado de predicción basado en cadenas de bloques que reunió 30 millones de dólares.

› CannabisCoin, Catcoin, Sexcoin y WhopperCoin son (o eran) todas criptomonedas reales. Si reúnes suficientes WhopperCoins, puedes conseguir una hamburguesa gratis en un Burger King en Rusia.

Conclusiones

› Una ICO —que no es lo mismo que la OPV vista en capítulos anteriores— es una forma de reunir fondos creando una nueva criptomoneda.

› Las ICO tienen grandes beneficios para las empresas entre los que se incluyen financiación más barata y mayor control, pero pueden entrañar riesgos para los inversores.

La diferencia entre una ICO y el dinero del Monopoly es que el dinero del Monopoly es reciclable. —Tus finanzas en una servilleta ☺

Blockchain

La cadena de bloques es la tecnología innovadora sobre la que se cimentan los Bitcoins y otras criptomonedas. Aunque la mecánica del *blockchain* puede ser difícil de entender, su principal innovación es que crea información permanente que no puede modificarse ni destruirse. Esto lo puede hacer útil para otras aplicaciones además de para las criptomonedas.

BLOCKCHAIN

QUÉ

LIBRO DE CUENTAS DIGITAL SEGURO
TECNOLOGÍA DISRUPTIVA CON LA QUE FUNCIONAN LOS **BITCOIN**

CÓMO FUNCIONA

LOS BLOQUES
DE INFORMACIÓN
EXISTENTES NO
SE PUEDEN EDITAR

SE AÑADE INFORMACIÓN NUEVA EN UN EXTREMO DE LA CADENA

BENEFICIOS

SIN INTERMEDIARIOS   **CONFIANZA**   **SEGURIDAD**

 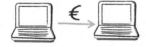

OTROS USOS > CONTRATOS  SANIDAD VOTACIONES

Cómo funciona

El *blockchain* es como un libro de cuentas público y gigantesco. Pero, a diferencia de lo que ocurre con un Excel, una vez que introduces una entrada en la cadena de bloques, no se puede modificar. La razón es que la hoja de cálculo está cifrada y está enlazada en una amplia red de usuarios.

En lugar de poder editar las entradas anteriores, se añaden entradas nuevas en el extremo de la cadena (en «bloques»). Y cada bloque está conectado con el anterior mediante una serie de números. El resultado es un historial de información imposible de modificar.

Beneficios

Las principales ventajas del *blockchain* son:

> Confianza: si la información no puede editarse (por ejemplo, el banco no puede borrar accidentalmente un cero al final de tu cuenta), puedes confiar en ella.

> Sin intermediarios: como el *blockchain* está compartido en una red enorme, no hay ninguna persona ni ningún grupo intermediario que controle el flujo de información (ni el dinero).

> Seguridad: como la información está cifrada y descentralizada, es básicamente imposible que ningún individuo ni ningún grupo organizado la piratee.

> *«Las cadenas de bloques son libros de registro mejorados con matemática avanzada.»*
>
> —EDWARD SNOWDEN, EXCONSULTOR DEL GOBIERNO DE ESTADOS UNIDOS Y FUGITIVO INTERNACIONAL

Más allá de la criptomoneda

El *blockchain* no solo se usa con el dinero. Puede alterar infinitos tipos de transacciones e industrias, entre las que se incluyen:

> Contratos: ya sea para transferir bienes raíces o celebrar un contrato comercial, la tecnología *blockchain* permitiría que los términos, una vez convenidos, fuesen públicos y verificables, pero también seguros.
> Sanidad: los proveedores médicos podrían usar esta tecnología para compartir información sensible de forma eficaz y segura.
> Votaciones: el *blockchain* podría ser una tecnología segura y anónima, pero verificable, para el recuento de votos.

Curiosidades

> Bitcoin, la moneda que funciona mediante tecnología *blockchain*, consume más energía que 159 países juntos, por la intensidad energética que supone la minería de nuevas monedas.
> La cantautora y productora británica Imogen Heap está utilizando el *blockchain* para intentar construir un sistema de «comercio justo» en la industria musical gracias al cual los artistas reciban una remuneración digna por su trabajo.

Conclusiones

> El *blockchain* es la tecnología que utilizan el Bitcoin y otras criptomonedas.
> La gran innovación del *blockchain* consiste en haber creado un sistema de registro de contenido invulnerable.
> El *blockchain* puede llegar a utilizarse en muchos otros ámbitos, desde votaciones hasta contratos, pasando por la industria musical, y mucho más.

El *blockchain* es una tecnología disruptiva que ayuda a gestionar los Bitcoins, y el iPhone es una tecnología disruptiva que ayuda a gestionar la holgazanería.
—Tus finanzas en una servilleta ☺

Cuestionario

1. **La criptomoneda es:**
   a. Un tipo de cuenta libre de impuestos que puedes usar para cubrir los gastos de tu funeral.
   b. El dinero electrónico del Monopoly.
   c. Una divisa digital cifrada.
   d. El único tipo de moneda aceptado en los festivales de música electrónica.

2. **Entre las diferencias entre la criptomoneda y la moneda tradicional se incluye todo lo siguiente excepto:**
   a. El valor de la moneda tradicional está asegurado frente a la inflación y el de la criptomoneda no.
   b. La moneda tradicional cuenta con el respaldo de un gobierno, mientras que la criptomoneda no.
   c. La moneda tradicional puede ser utilizada por magos para hacerla desaparecer, mientras que la criptomoneda no.
   d. Las caras de los presidentes y héroes de un país se pueden imprimir en la moneda tradicional, mientras que en la criptomoneda no.

3. **Uno de los riesgos de invertir en criptomoneda es:**
   a. Resultar demasiado interesante en las fiestas.
   b. Una posible revuelta de robots.
   c. La posibilidad de que el gobierno te confisque tus criptomonedas.
   d. Las grandes fluctuaciones en los precios.

4. **Verdadero o falso: hay más de 2.000 tipos de criptomonedas.**
   ○ Verdadero   ○ Falso

5. **El proceso para crear unidades nuevas de Bitcoins se llama:**

   a. Minería.

   b. Mentidero.

   c. Minibanca.

   d. Maceramiento.

6. **Verdadero o falso: el Bitcoin está considerada la criptomoneda más establecida porque su precio es muy estable.**

   ○ Verdadero   ○ Falso

7. **Verdadero o falso: como el Bitcoin es una moneda digital, no puedes usarla para comprar bienes y servicios en ningún negocio físico.**

   ○ Verdadero   ○ Falso

8. **Una oferta inicial de monedas (ICO) es:**

   a. Una forma segura de invertir el 100% de tus ahorros para la jubilación.

   b. Una opción de recaudación de fondos para empresas.

   c. Cuando la autoridad monetaria pone a la venta monedas conmemorativas.

   d. La frase preferida de Elon Musk.

9. **Las ICO pueden ser una gran oportunidad para las empresas que las usan porque:**

   a. Las empresas se aseguran un nivel mínimo de fondos recaudados.

   b. El gobierno federal las regula de forma estricta.

   c. Las empresas no tienen que ceder parte de la propiedad ni del control.

   d. Te dan una bolsa de tela gratis.

10. **La dicotomía básica para los inversores que participan en una ICO es:**

    a. Invertir sus ganancias en bolsa o en más ICO.

    b. Comprarse un Tesla modelo S o modelo X con sus beneficios.

    c. Diversificar entre distintas ICO o apostarlo todo a una.

    d. La oportunidad de ganar mucho dinero frente a la de perder toda su inversión.

11. **El *blockchain* es:**

   a. Una tecnología disruptiva de registro de información mediante la cual funciona el Bitcoin.
   b. Una cadena de ordenadores utilizados para hacer minería de Bitcoins.
   c. Una antigua cadena de videoclubs.
   d. Una valla infranqueable que se está construyendo alrededor de Silicon Valley antes de que se declare su independencia.

12. **La gran innovación del *blockchain* es:**

   a. Crear robots basados en inteligencia artificial que pueden defraudar al gobierno.
   b. Crear una forma extremadamente segura de almacenar información.
   c. Provocar la bancarrota de la realidad virtual.
   d. Permitir a los frikis de la informática del mundo entero que salgan por fin del sótano de casa de su madre.

13. **Verdadero o falso: el *blockchain* podría tener otras aplicaciones además de la criptomoneda.**

   ○ Verdadero   ○ Falso

14. **Verdadero o falso: el *blockchain* también es altamente eficiente desde un punto de vista medioambiental.**

   ○ Verdadero   ○ Falso

Respuestas

1. c	**5.** a	**9.** c	**13.** V
2. a	**6.** F	**10.** d	**14.** F
3. d	**7.** F	**11.** a	
4. V	**8.** b	**12.** b	

Impresiona a tus amigos

TEMAS DE CONVERSACIÓN PARA EL APERITIVO

LA REGLA DEL 72

CUÁNTO TIEMPO

TARDA

TU € EN DUPLICARSE

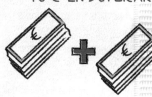

FÓRMULA

DIVIDE **72** POR EL TIPO DE INTERÉS

$$\frac{72}{\% \text{ TASA DE RENDIMIENTO}} = \text{TIEMPO EN AÑOS}$$

EJEMPLO: 72 / 6 = 12 AÑOS

La regla del 72

La regla del 72 es una cuenta rápida y fácil para calcular cuánto tardará el dinero que has invertido en duplicarse en función de un tipo de interés o una tasa de crecimiento fijos.

Cómo funciona

La regla consiste en dividir el número 72 por el tipo de interés anual.

Si tu dinero gana un 7% al año, se duplicará aproximadamente en:

72/7 = 10,3 años.

Si tu dinero gana un 2% al año, se duplicará aproximadamente en:

72/2 = 36 años (¡ups!).

Qué es y qué no es

La regla del 72 es una forma sencilla de calcular el crecimiento potencial de tu dinero, pero no es un cálculo exacto. La fórmula para averiguar el número de años exacto es un poco más complicada (aunque hay calculadoras en línea muy útiles). Además, en la vida real, las tasas de rendimiento no son uniformes de un año para otro (o de una década para otra).

Consejos

Como aprendiste en el colegio, una cifra alta en el denominador hace que el resultado sea menor. Puede que no sea una revelación sorprendente, pero una de las mejores formas de contribuir a que tu dinero se duplique más rápido (¡y luego se duplique una vez más!) es aspirar a una tasa de rendimiento más alta. Para ayudar a que tu dinero crezca, puedes:

› Invertir dinero que no vayas a necesitar en mucho tiempo en acciones. Con un 10% de rendimientos históricos, las acciones estadounidenses han duplicado el dinero de los inversores en unos siete años de media.

> Evitar cuentas que no generen rédito. No guardes más dinero del que necesites en una cuenta corriente con 0% de beneficios. Incluso tu fondo para emergencias puede estar en una cuenta de ahorros que te ofrezca algún rendimiento.
> Dejar que el dinero crezca. La regla del 72 siempre utiliza el crecimiento compuesto. Si sacas el dinero que ganas cada año y te lo gastas, tu capital nunca se duplicará.

Curiosidades

> Aunque se dice que Einstein descubrió la regla del 72, lo más probable es que en realidad la descubriera un matemático italiano llamado Luca Pacioli a finales de los años cuarenta. Pacioli también inventó la contabilidad moderna.
> Para averiguar cuánto tardará en triplicarse tu dinero, divide 114 por tu tipo de interés. Y para saber cuánto tardaría en cuadruplicarse, divide 144.

Conclusiones

> La regla del 72 es una forma fácil y rápida de hacerse una idea de cuánto tardará en duplicarse tu dinero con una tasa de crecimiento determinada.
> Para contribuir a que tu dinero se duplique rápido, busca tasas de crecimiento más altas, por ejemplo, invirtiendo en acciones, y asegúrate de dejar que tu dinero crezca en lugar de sacarlo del banco.

La regla del 72 es un atajo para calcular la capitalización, y comer dónuts es un atajo para tener celulitis. —Tus finanzas en una servilleta ☺

CROWDFUNDING

QUÉ

CONSEGUIR FONDOS DE MUCHAS PERSONAS

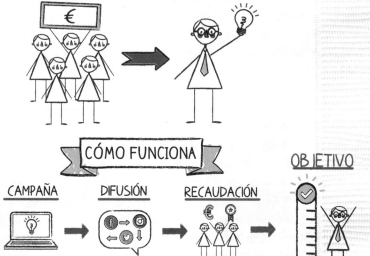

CÓMO FUNCIONA

IDEA	CAMPAÑA	DIFUSIÓN	RECAUDACIÓN	OBJETIVO

TIPOS

 RENDIMIENTO FINANCIERO

 CAPITAL & PRÉSTAMO

 RECOMPENSA NO ECONÓMICA

 RECOMPENSA & DONACIÓN

CURIOSIDAD

LAS CAMPAÑAS INICIADAS POR MUJERES RECAUDAN MÁS QUE LAS DE LOS HOMBRES

Crowdfunding

El *crowdfunding* —o micromecenazgo— es una forma de recaudar dinero de muchas personas gracias al poder de Internet. Las webs de *crowdfunding* como Verkami o las famosas Indiegogo y Kickstarter son plataformas que puedes usar para publicitar la idea que quieres financiar y recibir fondos.

Cómo funciona

Una campaña de *crowdfunding* típica sigue este esquema:

Paso 1: tienes una idea. Piensa cuánto dinero necesitas para hacerla realidad.

Paso 2: elige una web de *crowdfunding*. Redacta la presentación del proyecto y lanza la campaña.

Paso 3: publicita tu campaña en redes sociales y de cualquier otra forma que se te ocurra. Intenta llegar al mayor número de personas posible. ¡Hazte viral!

Paso 4: consigue fondos y (¡ojalá!) consigue tu objetivo de financiación. Haz realidad tu idea.

Tipos

	Qué	Ejemplos
Donaciones	Donas dinero a alguien que lo necesita sin recibir nada a cambio.	GoFundMe, StockCrowd, MiGranoDeArena
Recompensas	Le das 20 euros a un emprendedor que intenta desarrollar un producto y, a cambio, serás uno de los primeros en recibir el producto una vez esté listo.	Kickstarter, Indiegogo, Verkami
Capital	Como si compraras una acción, inviertes dinero en una empresa nueva y recibes una participación en la misma.	BolsaSocial, CrowdCube, Dozen
Préstamos	Le prestas dinero a alguien que lo necesita y esa persona te lo devuelve al cabo de un tiempo con intereses.	LEcrowd, LendingClub, Kiva

Pros y contras

	Pros	Contras
Para los recaudadores	Fácil y sencillo. Posibilidad de llegar a un público amplio.	Al principio, estás pidiéndole dinero a gente que no conoces (esto es raro). No tienes garantías de alcanzar tu objetivo.
Para los donantes / inversores	Ayudas a un ser humano en lugar de a una empresa sin rostro. Participar en algo interesante.	Poca protección; suelen producirse estafas. No se suele poder deducir los impuestos de estas donaciones.

Curiosidades

› Entre los planes de negocios que han recibido miles de euros en campañas de Kickstarter están: hacer una ensalada de patata, enviar al espacio una cabina de policía como la de *Doctor Who* y enviar una cabeza hinchable de Lionel Richie a dar la vuelta al mundo.

› Las campañas de *crowdfunding* iniciadas por mujeres suelen recaudar más dinero que las de los hombres, posiblemente porque estas generan más confianza.

Conclusiones

› El *crowdfunding* es una forma de reunir grandes cantidades de dinero mediante pequeñas contribuciones en Internet.

› El *crowdfunding* puede utilizarse para solicitar donaciones o contribuciones para poner en marcha un negocio.

› Aunque el *crowdfunding* puede resultar sencillo y cómodo tanto para los recaudadores como para los donantes, ofrece pocas protecciones y garantías a ambas partes.

Organizar una *cena de sobaquillo* es como hacer un *crowdfunding* para un banquete con amigos. —Tus finanzas en una servilleta ☺

FILANTR♥PÍA

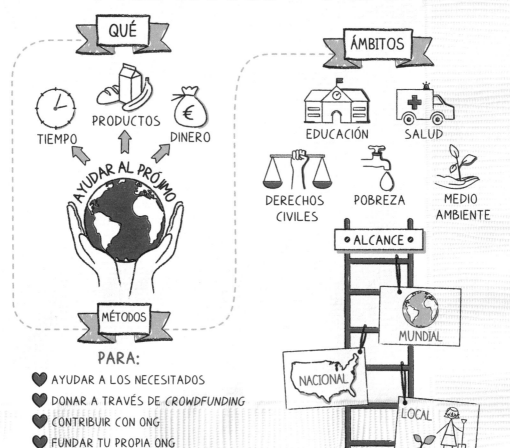

QUÉ

TIEMPO

PRODUCTOS

DINERO

AYUDAR AL PRÓJIMO

MÉTODOS

PARA:

♥ AYUDAR A LOS NECESITADOS
♥ DONAR A TRAVÉS DE *CROWDFUNDING*
♥ CONTRIBUIR CON ONG
♥ FUNDAR TU PROPIA ONG
♥ INVERSIONES DE IMPACTO

ÁMBITOS

EDUCACIÓN

SALUD

DERECHOS CIVILES

POBREZA

MEDIO AMBIENTE

ALCANCE

MUNDIAL

NACIONAL

LOCAL

Filantropía

La filantropía es querer ayudar al prójimo. Es aportar los recursos que tienes —ya sea dinero, bienes físicos o tiempo y esfuerzo— para ayudar a alguien que lo necesita. Hay quien ejerce la filantropía por las deducciones fiscales, mientras que para otros es algo que da sentido a su vida y les permite conectar con los demás.

Formas de donar

Hay muchas formas de ejercer la filantropía, por ejemplo:

> *«Nada me trae más felicidad que tratar de ayudar a las personas más vulnerables de la sociedad. Es una meta y una parte esencial de mi vida, una especie de destino.»*
> —PRINCESA DIANA DE GALES

› Ayudar a una persona necesitada que tengas cerca.
› Donar a una fundación a través de alguna plataforma de *crowdfunding*.
› Aportar dinero, productos no perecederos, otros artículos o invertir tu tiempo en una ONG.
› Crear tu propia ONG para cubrir una necesidad que nadie más esté tratando de paliar.
› Involucrarte en una inversión de impacto para hacer crecer tu dinero a la vez que ayudas a la sociedad o al planeta.

Ámbitos

Puedes colaborar con una organización centrada en un reto en particular, como:

> › Los derechos civiles.
> › El medio ambiente.
> › La salud.
> › La pobreza.

También puedes plantear qué alcance quieres que tenga tu contribución:

> › Local: ayuda a alguien que lo necesite en tu barrio o colabora con un comedor local.
> › Nacional: contribuye para ayudar a las víctimas de una catástrofe natural, haz una donación a una organización de investigación médica o trabaja para proteger un área de conservación natural en tu país.
> › Mundial: dona a los más necesitados. Ayuda a llevar la asistencia sanitaria a las zonas en guerra, comida a los refugiados o escuelas para los niños más desfavorecidos.

«Siempre he respetado a quienes intentan cambiar el mundo a mejor en lugar de quejarse por todo.»

—MICHAEL BLOOMBERG, EMPRESARIO Y POLÍTICO

Importante

Si te metes en esto por las deducciones fiscales, hay una serie de normas que tienes que conocer. Existen donaciones que no son deducibles y ciertas limitaciones para poder aplicar el incentivo sobre la totalidad del importe donado. Y tienes que detallar tus deducciones en las declaraciones de impuestos para poder reclamar un beneficio.

Curiosidades

› The Giving Pledge, en español «La Promesa de Dar», es un pacto —iniciado por Warren Buffet y Bill y Melinda Gates— entre muchos de los millonarios del mundo para donar la mayoría de su fortuna. Lo han firmado casi doscientas personas de todo el mundo.

› Las mujeres son más propensas a donar a la beneficencia que los hombres, y de media donan más que ellos.

› Algunas empresas donan a la vez que venden, manteniendo su intención de aumentar sus ganancias mientras cumplen con su misión social. Algunas han adoptado el modelo «compra uno, dona uno».

Conclusiones

› La filantropía es donar los recursos que tienes en vida —ya sean dinero, tiempo o conocimiento— a los más necesitados.

› Hay muchas formas de donar en función de lo que quieras dar y el impacto que quieras tener.

› Las donaciones pueden ser fiscalmente deducibles, pero hay normas y restricciones para poder deducírselas.

Lo siento, pero darle a «Me gusta» en una foto de gente ayudando en un comedor social no cuenta como filantropía.
—Tus finanzas en una servilleta ☉

Fondos especulativos

Los fondos especulativos —como los fondos de inversión— reúnen el dinero de los inversores y contratan a uno o más administradores profesionales para comprar y vender las inversiones. A diferencia de los fondos de inversión, los fondos especulativos no están muy regulados y suelen entrañar grandes riesgos. Podría decirse que son fondos de inversión «dopados».

Fondos especulativos vs. fondos de inversión

La principal similitud entre los fondos especulativos y los fondos de inversión es que (sorpresa) ambos son fondos. Las diferencias, sin embargo, son muchas:

	Fondos especulativos	Fondos de inversión
¿Quién puede invertir?	Solo los ricos (la cantidad mínima de inversión suele ser muy alta).	Cualquiera.
¿En qué pueden invertir?	Casi en cualquier cosa, desde acciones y bonos tradicionales hasta derivados, pasando por contratos de seguro de vida.	Hay estrictos límites legales acerca de en qué se puede invertir, y la mayoría se ciñen a acciones y bonos convencionales.
¿Sabes en qué se invierten tus fondos?	No necesariamente. Los fondos especulativos no tienen por qué darles demasiada información a los inversores (ni al gobierno) acerca de en qué invierten.	Sí. Los fondos de inversión tienen que presentar informes periódicos en los que detallen cada una de las inversiones que poseen.
¿Cuánto valen?	Mucho. La estructura habitual de la tarifa es del 2% del total invertido más el 20% de los beneficios.	Tienen un coste moderado. La tarifa de los fondos de inversión es un porcentaje muy bajo.
¿Es fácil abandonar la inversión?	No. Suele haber normas estrictas que regulan cuándo pueden (y no pueden) sacar el dinero los inversores.	Sí. Generalmente los inversores pueden reembolsar las participaciones de los fondos de inversión cualquier día que esté abierta la bolsa.

FONDOS ESPECULATIVO$

QUÉ

FONDOS DE INVERSIÓN CON REGULACIÓN LAXA

CARACTERÍSTICAS

ABIERTOS SOLO A INVERSORES RICOS

INVERSIONES FLEXIBLES

POCO TRANSPARENTES

ALTAS COMISIONES

RESTRICCIONES PARA RETIRAR EL DINERO

IMPORTANTE

EN INGLÉS, «HEDGE FUNDS»
«HEDGE» = COBERTURA
COMPENSACIÓN POR EL RIESGO DE LA INVERSIÓN

PERO ¡MUCHOS FONDOS ESPECULATIVOS NO LO HACEN!

GREENWICH, CONNECTICUT

CURIOSIDAD

¡CAPITAL MUNDIAL DE LOS FONDOS ESPECULATIVOS!

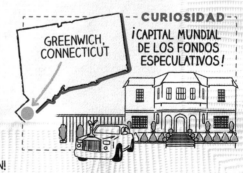

Tipos

Los distintos tipos de fondos especulativos son:

> Posiciones largas y cortas: apuestan a que algunas acciones subirán y otras bajarán.

> Activista: compran paquetes de acciones grandes de empresas en mala situación e intentan forzar cambios para mejorar el valor de las acciones.

> Macro: apuestan por cuestiones de gran alcance de la economía global, como la probabilidad de que China entre en recesión o que caiga el dólar estadounidense.

> Deuda «en dificultades»: compran la deuda de empresas que están en situación crítica con un gran descuento.

> Cine: algunos fondos financian películas.

> Arte: algunos fondos gestionan una cesta de obras de arte de gran valor.

> «Un fondo especulativo es una estructura en busca de una estrategia.»
> —ANÓNIMO

Curiosidades

> La palabra *hedge* (en inglés los fondos especulativos se llaman «hedge funds») tiene un significado específico en el ámbito de la inversión: se refiere a la reducción del riesgo mediante una inversión que compense el riesgo de otra inversión. Es habitual que lleve a equívoco, porque algunos fondos especulativos hacen esto, pero muchos otros no.

> En un momento dado, el fondo especulativo de Bernie Madoff fue el mayor del mundo.

> Al igual que Silicon Valley es la capital mundial tecnológica, Greenwich, en Connecticut, es la capital mundial de los fondos especulativos.

Conclusiones

› Los fondos especulativos son fondos administrados por profesionales que reúnen el dinero de los inversores, como un fondo de inversión.

› A diferencia de los fondos de inversión, los fondos especulativos suelen cobrar tarifas altas, ofrecen información limitada a los inversores y pueden plantear restricciones para retirar el dinero.

› Aunque los fondos especulativos pueden seguir muchas estrategias de inversión distintas, suelen ser una opción de inversión de alto riesgo.

Un fondo especulativo es una forma elegante de llamar a una sociedad de inversión, igual que patas de gallo es una forma elegante de llamar a las arrugas.
—Tus finanzas en una servilleta ☺

La mano invisible

La «mano invisible» es una teoría económica desarrollada por Adam Smith. Plantea que, cuando la gente actúa en beneficio propio, esto beneficia involuntariamente a la sociedad en su conjunto. En la economía capitalista, una mano invisible guía las acciones de las personas hacia aquello que más beneficia a la sociedad (o eso dice la teoría).

Cómo funciona

La teoría de la mano invisible defiende que el capitalismo crea un círculo virtuoso.

Paso 1: la gente intenta ganar dinero. Crea empresas y vende bienes y servicios.

Paso 2: otra gente decide *motu proprio* cuánto comprar de según qué productos. Si compran más de algo en concreto, las empresas producen más esos productos. Si compran menos de otras cosas, las empresas producen menos.

MANO INVISIBLE

QUÉ

TEORÍA: LA SOCIEDAD SE BENEFICIA CUANDO LA GENTE ACTÚA POR INTERÉS PROPIO

DESARROLLADA EN
↓

LA RIQUEZA DE LAS NACIONES

ADAM SMITH

CÓMO FUNCIONA

PASO 1
LA GENTE INTENTA GANAR DINERO

PASO 2
OTRA GENTE COMPRA COSAS

PASO 3
LOS NEGOCIOS BUENOS FUNCIONAN Y LOS MALOS FRACASAN

PASO 4
SE GENERA MÁS DINERO. ¡TODO EL MUNDO GANA!

POR QUÉ

ARGUMENTO A FAVOR DEL CAPITALISMO Y CONTRA EL COMUNISMO

Paso 3: los buenos negocios prosperan y los malos no.

Paso 4: se genera más dinero, se gasta más dinero y hay más gente con trabajo. Todo el mundo gana.

Por qué se aplica

La teoría de la mano invisible suele usarse para defender el capitalismo —sistema en el que la gente es libre de decidir en qué trabajar y en qué gastarse el dinero— frente al comunismo, en el que es el gobierno quien decide.

> *«No es la benevolencia del carnicero, del cervecero o del panadero lo que nos procura el alimento, sino la consideración de su propio interés.»*
> —ADAM SMITH, ECONOMISTA

	Capitalismo	Economía planificada (comunismo)
¿En qué trabajas?	Eres libre de elegir (y de cambiar de idea).	El gobierno decide en qué debes trabajar.
¿Qué puedes comprar?	Lo que quieras, siempre y cuando puedas permitírtelo.	El gobierno puede racionar los bienes o distribuirlos de una forma predeterminada.
¿Quién decide lo que se produce?	Las empresas u otros productores.	El gobierno decide, por ejemplo, cuántos zapatos deben producir los zapateros en un año.
¿Quién corre con los riesgos?	Los individuos asumen el riesgo. Si no consigues ganar dinero, eres pobre. Si te va bien, eres rico.	La sociedad asume el riesgo. Nadie es rico ni pobre (en teoría).

Curiosidades

› No fue solo el propio interés del carnicero y del panadero lo que le procuró el alimento a Adam Smith; su madre le cocinó hasta el día de su muerte (cuando Smith tenía ya más de sesenta años).

› Parafraseando a Jeff Goldblum, actor de *Parque Jurásico*: el capitalismo se abre camino. Los cigarrillos, el oro y los dólares estadounidenses han servido como moneda alternativa en economías restringidas a lo largo de la historia, por ejemplo, en países comunistas y en cárceles.

Conclusiones

› La teoría de la mano invisible afirma que la sociedad y la economía van mejor cuando la gente puede decidir por sí misma cómo ganar dinero y qué comprar.

› Se suele utilizar como argumento a favor del capitalismo frente al comunismo, en el que el gobierno planifica y decide lo que se produce y en qué trabajan los ciudadanos.

Lo último que quieres es que la mano invisible del mercado te señale con el dedo.
—Tus finanzas en una servilleta ☺

Teoría de juegos

La teoría de juegos es un modelo económico para predecir las decisiones de las personas en situaciones intrincadas.

Ejemplo

El ejemplo clásico de la teoría de juegos es el dilema del prisionero. Es una situación hipotética en la que dos cómplices son detenidos por la policía. La duración de la condena dependerá de que confiesen o guarden silencio:

TEORÍA DE JUEGOS

QUÉ

MODELO PARA PREDECIR LAS DECISIONES DE LA GENTE

DILEMA DEL PRISIONERO

EJEMPLO CLÁSICO DE LA TEORÍA DE JUEGOS
INTERÉS INDIVIDUAL VS. RESULTADO POSITIVO PARA TODOS

¿DEBERÍA CONFESAR?
DA IGUAL LO QUE HAGA ÉL, ES MEJOR SI CONFIESO

¿DEBERÍA CONFESAR?
DA IGUAL LO QUE HAGA ÉL, ES MEJOR SI CONFIESO

PREDICCIÓN ➡ AMBOS CONFESARÁN E IRÁN A LA CÁRCEL

CÓMO SE APLICA

NEGOCIACIONES EMPRESARIALES

ESTRATEGIA CORPORATIVA

JUEGOS DE AZAR

TÁCTICAS MILITARES

	El prisionero 1 confiesa (y delata al prisionero 2)	El prisionero 1 no confiesa
El prisionero 2 confiesa (y delata al prisionero 1)	Ambos confiesan → ambos son condenados a 5 años de cárcel	El prisionero 2 confiesa → es condenado a 0 años El prisionero 1 no confiesa → es condenado a 8 años
El prisionero 2 no confiesa	El prisionero 1 confiesa → es condenado a 0 años El prisionero 2 no confiesa → es condenado a 8 años	Ninguno confiesa → ambos son condenados a 6 meses de cárcel

Obviamente, el mejor escenario es que ninguno de los dos confiese. Pero la policía interroga al prisionero 1 y al prisionero 2 por separado y ninguno de los dos sabe lo que hará el otro.

Desde la perspectiva del prisionero 1, confiese o no el prisionero 2, es siempre mejor confesar él (y delatar al prisionero 2). Supongamos primero que el prisionero 2 confiesa (y delata al prisionero 1), el prisionero 1 verá rebajada su condena de ocho a cinco años gracias a su confesión. Ahora supongamos que el prisionero 2 no confiesa, el prisionero 1 puede reducir su condena de seis meses a cero si confiesa (y delata al prisionero 2).

El prisionero 2 aplica la misma lógica. El modelo predice que, al final, ambos terminan delatando al otro. Esto recibe el nombre del «equilibrio de Nash», por el economista John Nash, que desarrolló la teoría.

Cómo se aplica

En el mundo real, la teoría de juegos se puede usar para tomar decisiones en situaciones como las siguientes:

> › Negociaciones empresariales.
> › Estrategias corporativas.

> › Juegos de azar.
> › Tácticas militares.

Curiosidades

> › Cuando unos investigadores probaron el dilema del prisionero con detenidos reales, los prisioneros se delataron menos de la mitad de las veces, es decir, mucho menos de lo que predice el modelo. (Por cierto, la recompensa era café y cigarrillos, no rebajas de la sentencia.)
> › La teoría de juegos se ha utilizado para predecir los resultados en conflictos nucleares como la crisis de los misiles en Cuba (y parece que funcionó, dado que seguimos aquí).
> › En la película *Una mente maravillosa*, John Nash tiene la revelación de la teoría de juegos cuando él y sus amigos quieren hablar con la misma mujer en un bar. Se da cuenta de que, si todos van a por ella, ninguno la conseguirá, así que la ignoran y hablan con las amigas de la chica en vez de con ella.

Conclusiones

> › La teoría de juegos es un enfoque para predecir las decisiones de las personas en situaciones estratégicas.
> › La teoría modela el comportamiento observando lo que hará una de las partes, puesto que no puede adivinar ni controlar lo que hará la otra parte.
> › La teoría de juegos puede aplicarse para estructurar negocios o para la toma de decisiones en el ámbito militar.

Si te acercas una pieza de ajedrez al oído, se escucha una explicación sesuda de la teoría de juegos. —Tus finanzas en una servilleta ☺

Cuestionario

1. **La regla del 72 es:**

   a. Una regla de oro de la inversión que dice que, si no eres rico a los 72 años, ya nunca lo serás.

   b. Una regla de oro para determinar cuánto dinero tienes en acciones.

   c. Una forma de calcular cuánto tardará en duplicarse tu dinero a una tasa de crecimiento determinada.

   d. La descripción del rango de edad de los posibles novios de tu amiga la rara.

2. **El *crowdfunding* es:**

   a. Una forma de ganar beneficios estafando a un montón de gente mediante pequeñas aportaciones de dinero.

   b. Una forma de sacar ideas de inversiones de Internet.

   c. Robarle la cartera a la gente del público en los conciertos.

   d. Un método para reunir fondos de muchas personas gracias al poder de Internet.

3. **Entre los pasos básicos para lanzar una campaña de *crowdfunding* se incluyen:**

   a. Elegir una web de *crowdfunding* y redactar tu proyecto.

   b. Darle aviso al Banco Central Europeo.

   c. Ponerte un traje loquísimo con símbolos del euro por todas partes.

   d. Enviar solicitudes de dinero a tus amigos del instituto a los que mejor les haya ido en la vida.

4. **Entre los distintos tipos de *crowdfunding* pueden incluirse:**

   a. Los basados en capital, en los que los inversores reciben una participación en un negocio.
   b. Los préstamos, en los que los inversores reciben pago con intereses.
   c. Los basados en recompensas, en los que los inversores pueden recibir una versión anticipada del producto que se está desarrollando.
   d. Todos los anteriores.

5. **Verdadero o falso: una gran ventaja de invertir en una campaña de *crowdfunding* es que tu inversión suele estar asegurada por la autoridad reguladora.**

   ○ Verdadero   ○ Falso

6. **Entre las principales razones por las que la gente suele ejercer la filantropía se incluyen:**

   a. La oportunidad de ganar grandes beneficios.
   b. Las deducciones fiscales y la buena sensación de ayudar a alguien que lo necesita.
   c. La seguridad de que puede que exista el cielo.
   d. No darse cuenta de lo que significa la palabra «filantropía» hasta que es demasiado tarde.

7. **Algunas formas de ayudar el próximo son:**

   a. Darles propina a los camareros.
   b. Usar pajitas metálicas.
   c. Los autocuidados.
   d. Mediante inversiones de impacto.

8. **Verdadero o falso: las donaciones a las campañas de *crowdfunding* pueden no servir para solicitar deducciones fiscales.**

   ○ Verdadero   ○ Falso

9. **Un fondo especulativo es:**

   a. Un fondo de inversión que especula acerca de sus riesgos.

   b. Un fondo poco regulado que suele tener tarifas altas.

   c. Un fondo en el que se comercia con espéculos.

   d. A lo que la gente ruin dice que se dedica cuando en realidad son artistas frustrados en paro.

10. **A diferencia de un fondo de inversión, en el que puede invertir cualquiera, para invertir en un fondo especulativo tienes que:**

    a. Demostrar cierto nivel de activos o ingresos.

    b. Hacer un examen sobre inversiones primero.

    c. Jugar al golf con el cuñado del administrador del fondo.

    d. Ser miembro de la sociedad secreta Skull and Bones, de la Universidad de Yale.

11. **Verdadero o falso: los fondos especulativos están bien regulados y nunca ha habido ningún fraude ni ningún escándalo en torno a ellos.**

    ○ Verdadero   ○ Falso

12. **En pocas palabras, la «mano invisible» es:**

    a. La excusa que le pones a tu compañero de piso cuando pregunta quién se ha bebido sus cervezas.

    b. Otra forma de llamar a las retenciones de tu nómina.

    c. Una teoría económica que apuesta por el capitalismo frente al comunismo.

    d. Una expresión soez excluida del diccionario de la RAE.

13. **La característica definitoria del capitalismo, a diferencia del comunismo, es:**

    a. Hay más estrellas de cine.

    b. Los bailes son legales (y en el comunismo son ilegales).

    c. Un mercado centralizado (en el comunismo está descentralizado).

    d. La gente decide por sí misma cómo ganarse la vida y qué consumir, en lugar de que lo decida el gobierno.

14. **La teoría de juegos es:**
    a. Un modelo económico para predecir decisiones estratégicas.
    b. Una estrategia comercial que utilizan los inversores en criptomoneda.
    c. Un foro de Reddit sobre Fortnite.
    d. El método para elegir las acciones que usa Warren Buffet.

15. **La teoría de juegos puede usarse en:**
    a. Estrategias corporativas.
    b. Estrategias militares.
    c. Estrategias para ligar.
    d. Todo lo anterior.

Respuestas

1. c	**5.** F	**9.** b	**13.** d
2. d	**6.** b	**10.** a	**14.** a
3. a	**7.** d	**11.** F	**15.** d
4. d	**8.** V	**12.** c	

Epílogo

¡Enhorabuena, has terminado el libro y ahora eres rico (y sabes cosas)!

Con suerte, también tendrás la suficiente confianza en ti mismo para poner en práctica algunas de tus nuevas habilidades: crear de una vez por todas un fondo para emergencias, invertir tu dinero para ganar un rendimiento o dar los primeros pasos para montar tu propia empresa.

No importa si después de leer este libro te haces millonario o te mudas con tus padres por tercera vez, al menos ya tienes más herramientas para tomar decisiones financieras.

Si te apetece leer más explicaciones sobre tus finanzas en una servilleta, visita nuestra web:

NapkinFinance.com

El dinero no da la felicidad, pero siempre es mejor llorar en un coche de lujo que en un autobús urbano. —Tus finanzas en una servilleta ☺

Agradecimientos

Este libro no habría sido posible sin el cariño y el esfuerzo de mucha gente. Gracias a todos los que habéis seguido a Napkin Finance desde el principio y nos habéis enviado sugerencias, comentarios e ideas. Nuestra comunidad ha puesto la fuerza y la pasión necesarias para hacer posible este libro y sigue construyendo día a día este proyecto con el fin de empoderar a millones de personas.

En primer lugar, quiero dar las gracias a todo el equipo de Napkin Finance. Gracias sobre todo a Elizabeth Leary, cuyas brillantes palabras me ayudaron a conseguir que *Tus finanzas en una servilleta* no solo fuera divertido, sino también educativo, atractivo y preciso. Ella es nuestra jugadora estrella: tiene un talento increíble y se desenvuelve como pez en el agua bajo presión. Pocas personas son capaces de escribir sobre finanzas y conseguir que resulte divertido y que la gente se sienta identificada. Elizabeth, estaré eternamente agradecida de tenerte a mi lado en este camino que es *Tus finanzas en una servilleta*. Gracias al sin par Gregg Friedman por la creación del contenido gráfico y las servilletas. Tenemos mucha suerte de haber podido contar con tu orientación y tu pluma mágica, de la que han salido estas hermosas imágenes, desde la primera hasta la última página. Gracias a Wirdy, nuestra arma secreta, que tiene un don para hacer destacar las ilustraciones y sabe contar historias de forma única y divertida. Eden Dranger y Alejandro Bien-Willner, gracias por vuestro ingenio, vuestra gracia y vuestra singularidad.

Este libro nunca habría existido sin el apoyo de Byrd Leavell, de la UTA, que desde el principio creyó que era buena idea hacer un libro de economía en servilletas. Gracias a todo el equipo de Dey Street y HarperCollins: a nuestro increíble editor, Matthew Daddona, y a Julie Paulauski y Kendra Newton, por vuestro trabajo y vuestros esfuerzos incansables.

Gracias a la facultad y a toda la plantilla de la Escuela de Negocios de Harvard, además de a mi profesor de Economía preferido, Mihir Desai, cuyas clases hicieron prender en mí la mecha de lo que acabaría siendo *Tus finanzas en una servilleta*.

Y, sobre todo, quiero dar las gracias a mi familia. A mis padres, Mehrzad y John Hay, por su amor incondicional y por apoyarme siempre en mis sueños y alentar todas las ideas que he tenido a lo largo de los años, por locas que fueran. Soy la persona más afortunada del mundo por teneros en mi vida. A mi maravillosa hermana Atoosa, una mujer generosa y brillante; a mi cuñado Alex; y a mis tres amores, Lauren, Jonathan y Julia Nehorai, que me inspiran en mil sentidos. Gracias también a mi fantástico hermano David, a quien quiero y admiro más de lo que él puede imaginar.

Bibliografía

Capítulo 1: Dinero

Anderson, Joel: «Survey Finds Most Common Reasons Americans Use Emergency Funds». *GO Banking Rates*, 24 de mayo de 2018. https://www.gobankingrates.com/saving-money/budgeting/how-americans-use-emergency-fund.

Armstrong, Martin A: «Part I of IV—A Brief History of World Credit & Interest Rates». Armstrong Economics. Consultado el 2 de marzo de 2019. https://www.armstrongeconomics.com/research/a-brief-history-of-world-credit-interest-rates/3000-b-c-500-a-d-the-ancient-economy.

Banco de España, Portal Cliente Bancario. Consultado el 3 de enero de 2021. https://clientebancario.bde.es/pcb/es/menu-horizontal/productosservici/financiacion/prestamopersonal/

BankRate: «Credit Card Minimum Payment Calculator». Consultado el 2 de marzo de 2019. https://www.bankrate.com/calculators/credit-cards/credit-card-minimum-payment.aspx.

Bawden-Davis, Julie: «10 Powerful Quotes from Warren Buffett That'll Change Your Perception About Money and Success». SuperMoney. Última actualización: 2 de junio de 2017. https://www.supermoney.com/2014/04/10-powerful-personal-finance-quotes-from-warren-buffett.

Bella, Rick: «Clackamas Bank Robber Demands $1, Waits for Police to Take Him to Jail». *Oregon Live*. Actualizado en enero de 2019. Publicado en 2014. https://www.oregonlive.com/clackamascounty/2013/08/clackamas_bank_robber_demands.html.

Board of Governors of the Federal Reserve System: «Consumer Credit-G.19». 7 de febrero
de 2019. https://www.federalreserve.gov/releases/g19/current/#fn3a.

Board of Governors of the Federal Reserve System: «Report on the Economic Well-Being
of U.S. Households in 2017». Publicado en mayo de 2018. https://www.federalreserve.gov/
publications/files/2017-report-economic-well-being-us-households-201805.pdf.

Bureau of Labor Statistics: «Consumer Expenditure Surveys». Última modificación: 11 de
septiembre de 2018. https://www.bls.gov/cex/tables.htm#annual.

El Issa, Erin: «How to Combat Emotional Spending». U.S. News & World Report, 28 de febrero
de 2017. https://money.usnews.com/money/blogs/my-money/articles/2017–02–28/how-
to-combat-emotional-overspending.

Fondo de Garantía de Depósitos de Entidades de Crédito. Consultado el 3 de enero de 2021.
https://www.fgd.es/es/index.html.

Forbes: «Thoughts On the Business of Life». Consultado el 2 de marzo de 2019. https://www.
forbes.com/quotes/1274.

Freedman, Anne: «Top Five Uninsurable Risks». *Risk & Insurance*, 2 de septiembre de 2014.
https://riskandinsurance.com/top-five-uninsurable-risks.

Huddleston, Cameron: «58% of Americans Have Less Than $1,000 in Savings». *GO Banking
Rates*, 21 de diciembre de 2018. https://www.gobankingrates.com/saving-money/
savingsadvice/average-american-savings-account-balance.

Instituto Nacional de Estadística. Consultado el 22 de mayo
de 2021. https://www.ine.es/dyngs/INEbase/es/operacion.
htm?c=Estadistica_C&cid=1254736176806&menu=ultiDatos&idp=1254735976608.

Jellett, Deborah: «The 10 Strangest Things Ever Insured». *The Richest*, 10 de mayo de 2014.
https://www.therichest.com/rich-list/the-most-shocking-and-bizarre-things-ever-
insured-2.

Jézégou, Frédérick: «If You Think Nobody Cares If You're Alive, Try Missing a Couple of Care
Payments». *Dictionary of Quotes*, 23 de noviembre de 2008. https://www.dictionaryquotes.

com/if-you-think-nobody-cares-if-you-re-alive-try-missing-a-couple-of-car-payments-flip-wilson.

Marks, Gene: «This Bank Will Take Cheese as Collateral». *Washington Post,* 17 de abril de 2017. https://www.washingtonpost.com/news/on-small-business/wp/2017/04/17/this-bankwill-take-cheese-as-collateral/?noredirect=on&utm_term=.928e4f2fdff7.

Merriman, Paul A: «The Genius of Warren Buffett in 23 Quotes». *MarketWatch,* 19 de agosto de 2015. https://www.marketwatch.com/story/the-genius-of-warren-buffett-in-23-quotes-2015–08–19.

Mortgage Professor: «What Is Predatory Lending?». Última actualización: 18 de julio de 2007. https://mtgprofessor.com/A%20-%20Predatory%20Lending/what_is_predatory_lending.htm.

Peterson, Bailey: «Credit Card Spending Studies (2018 Report): Why You Spend More When You Pay With a Credit Card». ValuePenguin. Consultado el 2 de marzo de 2019. https://www.valuepenguin.com/credit-cards/credit-card-spending-studies.

Pierce, Tony: «$1 Bank Robbery Doesn't Pay Off for Man Who Said He Was Desperate for Healthcare». *Los Angeles Times,* 21 de junio de 2011. https://latimesblogs.latimes.com/washington/2011/06/1-bank-robbery-doesnt-pay-off-for-healthcare-hopeful.html.

Randow, Jana and Kennedy, Simon: «Negative Interest Rates». *Bloomberg,* 21 de marzo de 2017. https://www.bloomberg.com/quicktake/negative-interest-rates.

Tsosie, Claire y El Issa, Erin: «2018 American Household Credit Card Debt Study». NerdWallet. 10 de diciembre de 2018. https://www.nerdwallet.com/blog/average- credit-card-debt-household.

Tuttle, Brad: «Cheapskate Wisdom from. Benjamin Franklin». *Time,* 23 de septiembre de 2009. http://business.time.com/2009/09/23/cheapskate-wisdom-from-benjamin-franklin-2.

Capítulo 2: Dar o no dar crédito

Banco de España, Memoria de la CIR. Consultado el 29 de mayo de 2021. https://www.bde.es/bde/es/secciones/informes/Publicaciones_an/Memoria_de_la_Ce/

Banco de España, Portal Cliente Bancario. Consultado el 29 de mayo de 2021. https://clientebancario.bde.es/pcb/es/menu-horizontal/productosservici/relacionados/cirbe/

Carrns, Ann: «New Type of Credit Score Aims to Widen Pool of Borrowers». *New York Times,* 26 de octubre de 2018. https://www.nytimes.com/2018/10/26/your-money/new-credit-score-fico.html.

Credit Karma: «How Many Credit Scores Do I Have?». 14 de mayo de 2016. https://www.creditkarma.com/advice/i/how-many-credit-scores-do-i-have.

CreditScoreDating.com: «CreditScoreDating.com: Where Good Credit is Sexy». Consultado el 2 de marzo de 2019. www.creditscoredating.com.

Dictionary.com: «Credit». Consultado el 2 de marzo de 2019. https://www.dictionary.com/browse/credit.

Eveleth, Rose: «Forty Years Ago, Women Had a Hard Time Getting Credit Cards». Smithsonian.com, 8 de enero de 2014. https://www.smithsonianmag.com/smart-news/forty-years-ago-women-had-a-hard-time-getting-credit-cards-180949289.

Fair Isaac Corporation: «5 Factors that Determine a FICO® Score». 23 de septiembre de 2016. https://blog.myfico.com/5-factors-determine-fico-score.

Fair Isaac Corporation: «Average U.S. Fico Score Hits New High». 24 de septiembre de 2018. https://www.fico.com/blogs/risk-compliance/average-u-s-fico-score-hits-new-high.

Garfinkel, Simpson: «Separating Equifax from Fiction», *Wired,* 1 de septiembre de 1995. https://www.wired.com/1995/09/equifax.

Gonzalez-Garcia, Jamie: «Credit Card Ownership Statistics». CreditCards.com. Actualizado el 26 de abril de 2018. https://www.creditcards.com/credit-card-news/ownership-statistics.php.

Guy-Birken, Emily: «8 Fun Facts About Credit Cards». WiseBread. 24 de mayo de 2018. https://www.wisebread.com/8-fun-facts-about-credit-cards.

Herron, Janna: «How FICO Became "The" Credit Score». *BankRate,* 12 de diciembre de 2013. https://finance.yahoo.com/news/fico-became-credit-score-100000037.html.

Rotter, Kimberly: «A History of the Three Credit Bureaus». CreditRepair.com. Consultado el 2 de marzo de 2019. https://www.creditrepair.com/blog/credit-score/credit-bureau-history.

United States Census Bureau: «U.S. and World Population Clock». Consultado el 3 de marzo de 2019. https://www.census.gov/popclock.

Capítulo 3: Compra barato, vende caro

Ajayi, Akin: «The Rise of the Robo-Advisors». Credit Suisse, 15 de julio de 2015. https://www.credit-suisse.com/corporate/en/articles/news-and-expertise/the-rise-of-the-robo-advisers-201507.html.

Allocca, Sean: «Goldman Sachs Comes to Main Street with "Broader" Wealth Offering». *Financial Planning,* 22 de octubre de 2018. https://www.financial-planning.com/news/goldman-sachs-marcus-robo-advisor-merge-wealth-management.

American Oil & Gas Historical Society: «Cities Service Company». Consultado el 2 de marzo de 2019. https://aoghs.org/stocks/cities-service-company.

Anderson, Nathan: «15 Weird Hedge Fund Strategies That Investors Should Know About». ClaritySpring. 24 de agosto de 2015. http://www.clarityspring.com/15-weird-hedge-fundstrategies.

Bakke, David: «The Top 17 Investing Quotes of All Time». Investopedia. Actualizado el 30 de noviembre de 2016. https://www.investopedia.com/financial-edge/0511/the-top-17-investing-quotes-of-all-time.aspx.

Collinson, Patrick: «The Truth About Investing: Women Do It Better than Men». *The Guardian,* 24 de noviembre de 2018. https://www.theguardian.com/money/2018/nov/24/the-truth-about-investing-women-do-it-better-than-men.

Damodaran, Aswath: «Annual Returns on Stock, T. Bonds and T. Bills: 1928-Current». NYU Stern School of Business. Actualizado el 5 de enero de 2019. http://pages.stern.nyu.edu/~adamodar/New_Home_Page/datafile/histretSP.html.

Deloitte: «The Expansion of Robo-Advisory in Wealth Management». Agosto de 2016. https://

www2.deloitte.com/content/dam/Deloitte/de/Documents/financial-services/Deloitte-Robo-safe.pdf.

De Sousa, Agnieszka y Kumar, Nishant: «Citadel Hires Cumulus Energy Traders; Hedge Fund Shuts». *Bloomberg,* 27 de abril de 2018. https://www.bloomberg.com/news/articles/2018–04–27/citadel-hires-cumulus-founder-and-fund-s-traders-in-energy-push.

Elkins, Kathleen: «Warren Buffett Is 88 Today—Here's What He Learned from Buying His First Stock at Age 11». CNBC, 30 de agosto de 2018. https://www.cnbc.com/2018/08/30/when-warren-buffett-bought-his-first-stock-and-what-he-learned.html.

Eule, Alex: «As Robo-Advisors Cross $200 Billion in Assets, Schwab Leads in Performance». *Barron's,* 3 de febrero de 2018. https://www.barrons.com/articles/as-robo-advisors-cross-200-billion-in-assets-schwab-leads-in-performance-1517509393.

Fidelity Investments: «Who's the Better Investor: Men or Women?». 18 de mayo de 2017. https://www.fidelity.com/about-fidelity/individual-investing/better-investor-men-or-women

Hamilton, Walter: «Madoff's Returns Aroused Doubts». *Los Angeles Times,* 13 de diciembre de 2008. http://articles.latimes.com/2008/dec/13/business/fi-madoff13.

Hiller, David, Draper, Paul y Robert Faff: «Do Precious Metals Shine? An Investment Perspective». CFA Institute. Marzo/abril de 2006. https://www.cfapubs.org/doi/pdf/10.2469/faj.v62.n2.4085.

Loomis, Carol J.: The Inside Story of Warren Buffett». *Fortune,* 11 de abril de 1988. http://fortune.com/1988/04/11/warren-buffett-inside-story.

Merriman, Paul A.: «The Genius of John Bogle in 9 Quotes». *MarketWatch,* 25 de noviembre de 2016. https://www.marketwatch.com/story/the-genius-of-john-bogle-in-9-quotes-2016–11–23.

Ross, Sean: «Has Real Estate or the Stock Market Performed Better Historically?». Investopedia. Actualizado el 5 de febrero de 2019. https://www.investopedia.com/ask/answers/052015/which-has-performed-better-historically-stock-market-or-real-estate.asp.

Shoot, Brittany: «Banksy *Girl with Balloon* Painting Worth Double After Self-Destructing at

Auction». *Fortune,* 8 de octubre de 2018. http://fortune.com/2018/10/08/banksy-girl-with-balloon-self-destructed-video-art-worth-double.

Siegel, Rene Shimada: «What I Would —and Did— Say to New Grads». *Inc.,* 19 de junio de 2013. https://www.inc.com/rene-siegel/what-i-would-and-did-say-to-new-grads.html.

Udland, Myles: «Buffett: Volatility Is Not the Same Thing as Risk, and Investors Who Think It Is Will Cost Themselves Money». *Business Insider,* 6 de abril de 2015. https://www.businessinsider.com/warren-buffett-on-risk-and-volatility-2015-4.

Walsgard, Jonas Cho: «Betting on Death Is Turning Out Better Than Expected for Hedge Fund». *Bloomberg,* 11 de febrero de 2019. https://www.bloomberg.com/news/articles/ 2019-02-11/betting-on-death-is-turning-better-than-expected-for-hedge-fund.

Capítulo 4: El viaje bursátil

Amadeo, Kimberly: «Wall Street: How It Works, Its History, and Its Crashes». The Balance. Actualizado el 21 de enero de 2019. https://www.thebalance.com/wall-street-how-it-works-history-and-crashes-3306252.

Bowden, Ebony: «History's Biggest "Fat-Finger" Trading Errors». *The New Daily,* 2 de octubre de 2014. https://thenewdaily.com.au/money/finance-news/2014/10/02/historys-biggest-fat-finger-trading-errors.

Chen, James: «Bowie Bond». Investopedia, Actualizado el 7 de marzo de 2018. https://www.investopedia.com/terms/b/bowie-bond.asp.

Clark, Andrew: «The Man Who Blew the Whistle on Bernard Madoff». *The Guardian,* 24 de marzo de 2010. https://www.theguardian.com/business/2010/mar/24/bernard-madoff-whistleblower-harry-markopolos.

Cohn, Laura: «Boost Your IQ with a Good Book». *Kiplinger's Personal Finance,* noviembre de 2009.

Crestmont Research: «Returns over 20-Year Periods Vary Significantly; Affected by the Starting P/E Ratio». Consultado el 2 de marzo de 2019. https://www.crestmontresearch.com/docs/Stock-20-Yr-Returns.pdf.

«Dow Jones Industrial Average All-Time Largest One Day Gains and Losses.» *Wall Street Journal*. Consultado el 2 de marzo de 2019. http://www.wsj.com/mdc/public/page/2_3024-djia_alltime.html.

Encyclopædia Britannica: «Wall Street». Consultado el 2 de marzo de 2019. https://www.britannica.com/topic/Wall-Street-New-York-City.

Epstein, Gene: «Prepare for Lower Stock Returns». *Barron's*. Actualizado el 23 de enero de 2018. https://www.barrons.com/articles/prepare-for-lower-stock-returns-1516666766.

Faulkenberry, Ken: «Value Investing Quotes, Sayings, & Proverbs: Wisest Men Compilation». Arbor Investment Planner. Consultado el 2 de marzo de 2019. http://www.arborinvestmentplanner.com/wisest-value-investing-quotes-sayings-money-proverbs.

First Trust Portfolios L.P: «History of U.S. Bear & Bull Markets Since 1926». Consultado el 2 de marzo de 2019. https://www.ftportfolios.com/Common/ContentFileLoader.aspx?ContentGUID=4ecfa978-d0bb-4924-92c8-628ff9bfe12d.

Investment Company Institute: «ETF Assets and Net Issuance January 2019». 27 de febrero de 2019. https://www.ici.org/research/stats/etf/etfs_01_19.

Kirchheimer, Sid: «10 Fun Facts About Money». AARP. Consultado el 2 de marzo de 2019. https://www.aarp.org/money/investing/info-03-2012/money-facts.html.

Landis, David: «ETFs That Miss the Mark». *Kiplinger,* 31 de julio de 2007. https://www.kiplinger.com/article/investing/T022-C000-S002-etfs-that-miss-the-mark.html.

Mahmudova, Anora: «Investors Can Bet on Whether People Will Get Fit, Fat, or Old with These ETFs». *MarketWatch,* 18 de junio de 2016. https://www.marketwatch.com/story/new-obesity-and-fitness-etfs-follow-demographic-trends-2016-06-09.

MFS: «Over 90 and Still Active». Consultado el 2 de marzo de 2019. https://www.mfs.com/who-we-are/our-history.html.

Phung, Albert: «Why Do Companies Issue 100-Year Bonds?». Investopedia. Actualizado el 2 de julio de 2018. https://www.investopedia.com/ask/answers/06/100yearbond.asp.

«The World's Largest Hedge Fund Is a Fraud». Securities Exchange Commission, presentado el 7 de noviembre de 2005. https://www.sec.gov/news/studies/2009/oig-509/exhibit-0293.pdf.

Waxman, Olivia B.: «How a Financial Panic Helped Launch the New York Stock Exchange». *Time,* 17 de mayo de 2017. http://time.com/4777959/buttonwood-agreement-stock-exchange.

World Gold Council: «FAQs». Consultado el 2 de marzo de 2019. http://www.spdrgold shares.com/usa/faqs.

World Gold Council: «Gold Bar List and Inspectorate Certificates». Consultado el 2 de marzo de 2019. http://www.spdrgoldshares.com/usa/gold-bar-list.

Yahoo! Finance: «Amazon.com, Inc. (AMZN)». Consultado el 1 de marzo de 2019. https://finance.yahoo.com/quote/AMZN/key-statistics?p=AMZN.

Capítulo 5: Facilísimo

«A Growing Cult of Millennials Is Obsessed With Early Retirement. This 72-Year-Old is their Unlikely Inspiration». *Money,* 17 de abril de 2018. http://money.com/money/5241566/vickirobin-financial-independence-retire-early.

Agencia Tributaria. Consultado el 6 de junio de 2021. https://www.agenciatributaria.es/AEAT.educacion/Profesores_VT_es_ES.html

Anderson, Robert: «Retirement No Longer Compulsory for Emiratis after 25 Years of Service». *Gulf Business,* 6 de junio de 2018. https://gulfbusiness.com/retirement-no-longer-compulsory-for-emiratis-after-25-years.

Aperion Care: «Retirement Age Around the Globe». Consultado el 2 de marzo de 2019. https://aperioncare.com/blog/retirement-age-around-world.

Berger, Rob: «Top 100 Money Quotes of All Time». *Forbes,* 30 de abril de 2014. https://www.forbes.com/sites/robertberger/2014/04/30/top-100-money-quotes-of-all-time/#7ae183444998.

Beck, Emma: «Cutting That Bagel Will Cost You: Weird State Tax Laws». *USA Today,* 31 de marzo de 2013. https://www.usatoday.com/story/money/personalfinance/2013/03/31/odd-state-tax-laws/1951911.

«Do the Dutch Have the Pension Problem Solved?» *PBS NewsHour,* 10 de noviembre de 2013. https://www.pbs.org/newshour/show/do-the-dutch-have-the-pension-problem-solved.

Dodds, Colin: «Dr. Dre: Most Influential Quotes». Investopedia. Consultado el 2 de marzo de 2019. https://www.investopedia.com/university/dr-dre-biography/dr-dre-most-influential-quotes.asp.

efile.com: «Unusual but Legitimate Tax Breaks». Consultado el 2 de marzo de 2019. https://www.efile.com/legitimate-tax-breaks-and-unusual-extraordinary-qualified-tax-deductions-and-tax-exemptions.

Fidelity Investments: «Fidelity Q3 Retirement Analysis: Account Balances Hit Record Highs 10 Years Following Financial Crisis». 5 de noviembre de 2018. https://www.fidelity.com/binpublic/060_www_fidelity_com/documents/press-release/fidelity-q3–2018-account-balances-hit-record-highs.pdf.

Hylton, J. Gordon: «The Devil's Disciple and the Learned Profession: Ambrose Bierce and the Practice of Law in Gilded Age America». Marquette University Law School. 1 de enero de 1991. https://scholarship.law.marquette.edu/cgi/viewcontent.cgi?referer=https://www.google.com/&httpsredir=1&article=1474&context =facpub.

Internal Revenue Service: «Tax Quotes». Página revisada o actualizada por última vez el 21 de agosto de 2018. https://www.irs.gov/newsroom/tax-quotes.

Intuit: «10 Strange but Legitimate Federal Tax Deductions». Intuit Turbotax, actualizado para el año fiscal 2017. Consultado el 2 de marzo de 2019. https://turbotax.intuit.com/tax-tips/tax-deductions-and-credits/10-strange-but-legitimate-federal-tax-deductions/L6A6QzGiV.

Intuit: «11 Strange State Tax Laws». Actualizado para el año fiscal 2018. Consultado el 2 de marzo de 2019. https://turbotax.intuit.com/tax-tips/fun-facts/12-strange-state-tax-laws/ L4qENY2nZ.

James, Geoffrey: «130 Inspirational Quotes About Taxes». *Inc.,* 13 de abril de 2015. https://www. inc.com/geoffrey-james/130-inspirational-quotes-about-taxes.html.

Leary, Elizabeth: «Special-Needs Families de mayo de Get Squeezed by Tax Reform». CNBC, 9 de noviembre de 2017. https://www.cnbc.com/2017/11/09/special-needs-families-may-get-squeezed-by-tax-reform.html.

Mauldin, John: «Someone Is Spending Your Pension Money». *Forbes,* 26 de octubre de 2015. https://www.forbes.com/sites/johnmauldin/2015/10/26/someone-is-spending-your-pension-money/#36069e677fd0.

Morgan, Richard: «Jimi Hendrix's Family Can't Stop Suing Each Other». *New York Post,* 24 de marzo de 2017. https://nypost.com/2017/03/24/jimi-hendrixs-family-cant-stop-suing-each-other-over-estate. Sifferlin, Alexandra: «Tax Day Hazard: Fatal Crashes Increase on April 15». *Time,* 11 de abril de 2012. http://healthland.time.com/2012/04/11/tax-day-hazard-fatal-crashes-increase-on-deadline-day.

Social Security Administration: «What Prisoners Need to Know». Consultado el 2 de marzo de 2019. https://www.ssa.gov/pubs/EN-05–10133.pdf.

Tax Policy Center: «How Could We Improve the Federal Tax System?». Consultado el 2 de marzo de 2019. https://www.taxpolicycenter.org/briefing-book/what-other-countries-use-return-free-tax-filing.

Welsh, Monica: «Student Loan Interest Deduction». H&R Block. 20 de febrero de 2018. https:// www.hrblock.com/tax-center/filing/adjustments-and-deductions/student-loan-deduction.

Wood, Robert W.: «Defining Employees and Independent Contractors». *Business Law Today,* volumen 17, n.º 5. American Bar Association, mayo/junio de 2008. https://apps.americanbar. org/buslaw/blt/2008–05–06/wood.shtml.

Capítulo 6: A lo grande

Del Rey, Jason: «The Rise of Giant Consumer Startups That Said No to Investor Money». *Recode,* 29 de agosto de 2018. https://www.recode.net/2018/8/29/17774878/consumer-startups-business-model-native-mvmt-tuft-needle.

Desjardins, Jeff: «These 5 Companies All Started in a Garage, and Are Now Worth Billions of Dollars Apiece». *Business Insider,* 29 de junio de 2016. https://www.businessinsider.com/billion-dollar-companies-started-in-garage-2016-6.

Economy, Peter: «17 Powerfully Inspiring Quotes from Southwest Airlines Founder Herb Kelleher». *Inc.,* 4 de enero de 2019. https://www.inc.com/peter-economy/17-powerfully-inspiring-quotes-from-southwest-airlines-founder-herb-kelleher.html.

Farr, Christina: «Inside Silicon Valley's Culture of Spin». *Fast Company,* 16 de mayo de 2016. https://www.fastcompany.com/3059761/inside-silicon-valleys-culture-of-spin.

Gaskins, Jr., Tony A.: «The Dream Chaser: If You Don't Build Your Dream, Someone Will Hire You to Build Theirs». New Jersey: Wiley, 2016.

Guinness Book of World Records: «Most Patents Credited as Inventor». Consultado el 2 de marzo de 2019. http://www.guinnessworldrecords.com/world-records/most-patents-held-by-a-person.

Hendricks, Drew: «6 $25 Billion Companies That Started in a Garage». *Inc.,* 24 de julio de 2014. https://www.inc.com/drew-hendricks/6-25-billion-companies-that-started-in-a-garage.html.

Huet, Ellen: «Silicon Valley's $400 Juicer de mayo de Be Feeling the Squeeze». *Bloomberg,* 19 de abril de 2017. https://www.bloomberg.com/news/features/2017-04-19/silicon-valley-s-400-juicer-may-be-feeling-the-squeeze.

Walker, Tim: «The Big Ideas That Started on a Napkin—From Reaganomics to Shark Week». *The Guardian,* 10 de abril de 2017. https://www.theguardian.com/us-news/shortcuts/2017/apr/10/napkin-ideas-mri-reaganomics-shark-week.

Zipkin, Nina: «20 Facts About the World's Billion-Dollar Startups». *Entrepreneur,* 27 de enero de 2017. https://www.entrepreneur.com/article/288420.

Capítulo 7: Economía del vudú

«The Big Mac Index». *The Economist,* 10 de enero de 2019. https://www.economist.com/
news/2019/01/10/the-big-mac-index.

Banco Mundial: «Gross Domestic Product». 25 de enero de 2019. https://databank.worldbank.
org/data/download/GDP.pdf.

Corcoran, Kieran: «California's Economy Is Now the 5th-Biggest in the World, and Has
Overtaken the United Kingdom». *Business Insider,* 5 de mayo de 2018. https://www.
businessinsider.com/california-economy-ranks-5th-in-the-world-beating-theuk-2018−5.

Davis, Marc: «How September 11 Affected the U.S. Stock Market». Investopedia. 11 de
septiembre de 2017. https://www.investopedia.com/financial-edge/0911/how-september-
11-affected-the-u.s.-stock-market.aspx.

Kaifosh, Fred: «Why the Consumer Price Index Is Controversial». Investopedia. Actualizado
el 12 de octubre de 2018. https://www.investopedia.com/articles/07/consumerprice
index.asp.

Lazette, Michelle Park: «The Crisis, the Fallout, the Challenge: The Great Recession in
Retrospect». Banco de la Reserva Federal de Cleveland, 18 de diciembre de 2017. https://
www.clevelandfed.org/newsroom-and-events/multimedia-storytelling/recession-
retrospective.aspx.

National Association of Theatre Owners: «Annual Average U.S. Ticket Price». Consultado el 2 de
marzo de 2019. http://www.natoonline.org/data/ticket-price.

National Bureau of Economic Research (Oficina Nacional de Investigación Económica): «US
Business Cycle Expansions and Contractions». Consultado el 2 de marzo de 2019. https://
www.nber.org/cycles.html.

Taylor, Andrea Browne: «How Much Did Things Cost in the 1980s?». *Kiplinger,* 25 de abril de
2018. https://www.kiplinger.com/slideshow/spending/T050-S001-how-much-did-things-
cost-in-the-1980s/index.html.

Wheelock, David C.: «The Great Depression: An Overview». Banco de la Reserva Federal de St. Louis. Consultado el 2 de marzo de 2019. https://www.stlouisfed.org/~/media/files/pdfs/great-depression/the-great-depression-wheelock-overview.pdf.

Wolla, Scott A.: «What's in Your Market Basket? Why Your Inflation Rate Might Differ from the Average». Banco de la Reserva Federal de St. Louis. Octubre de 2015. https://research.stlouisfed.org/publications/page1-econ/2015/10/01/whats-in-your-market-basket-why-your-inflation-rate-might-differ-from-the-average.

Capítulo 8: En resumidas cuentas

Freifeld, Karen: «Kozlowski's $6,000 Shower Curtain to Find New Home». *Reuters,* 14 de junio de 2012. https://www.reuters.com/article/us-tyco-curtain-idUSBRE85D1M620120614.

Kenton, Will: «What Is Worldcom?». Investopedia. Actualizado el 7 de febrero de 2019. https://www.investopedia.com/terms/w/worldcom.asp.

Krugman, Paul: «Sam, Janet, and Fiscal Policy». *New York Times,* 25 de octubre de 2017. https://krugman.blogs.nytimes.com/2010/10/25/sam-janet-and-fiscal-policy.

Sage, Alexandria and Rai, Sonam: «Tesla CFO Leaves as Automaker Promises Profits and Cheaper Cars». *Reuters,* 30 de enero de 2019. https://www.reuters.com/article/us-tesla-electric-results/tesla-cfo-leaves-as-automaker-promises-profits-and-cheaper-cars-idUSKCN1PO2X5.

Shen, Lucinda: «Why PwC Was Involved in the 2017 Oscars Best Picture MixUp». *Fortune,* 27 de febrero de 27, 2017. http://fortune.com/2017/02/27/oscars-2017-pricewaterhousecoopers-la-la-land.

The Phrase Finder: «The Meaning and Origin of the Expression: Cooking the Books». Consultado el 2 de marzo de 2019. https://www.phrases.org.uk/meanings/cook-the-books.html.

Thomas, C. William: «The Rise and Fall of Enron». *Journal of Accountancy,* 1 de abril de 2002. https://www.journalofaccountancy.com/issues/2002/apr/theriseandfallofenron.html.

Yahoo! Finance: «Tesla, Inc. (TSLA)». Consultado el 1 de marzo de 2019. https://finance.yahoo.com/quote/TSLA/key-statistics?p=TSLA&tsrc=fin-tre-srch.

Capítulo 9: El futuro del dinero

«7 Major Companies That Accept Cryptocurrency». Due.com, 31 de enero de 2018. https://www.nasdaq.com/article/7-major-companies-that-accept-cryptocurrency-cm913745.

Blinder, Marc: «Making Cryptocurrency More Environmentally Sustainable». *Harvard Business Review,* 27 de noviembre de 2018. https://hbr.org/2018/11/making-cryptocurrency-more-environmentally-sustainable.

Browne, Ryan: «Burger King Has Launched Its Own Cryptocurrency in Russia Called WhopperCoin"». CNBC, 28 de agosto de 2017. https://www.cnbc.com/2017/08/28/burger-king-russia-cryptocurrency-whoppercoin.html.

Burchardi, Kaj y Harle, Nicolas: «The Blockchain Will Disrupt the Music Business and Beyond». *Wired,* 20 de enero de 2018. https://www.wired.co.uk/article/blockchain-disrupting-music-mycelia.

CoinMarketCap: «All Cryptocurrencies». Consultado el 2 de marzo de 2019. https://coinmarketcap.com/all/views/all.

Crane, Joy: «How Bitcoin Got Here: A (Mostly) Complete Timeline of Bitcoin's Highs and Lows». *New York,* 28 de diciembre de 2017. http://nymag.com/intelligencer/2017/12/bitcoin-timeline-bitcoins-record-highs-lows-and-history.html.

Cummins, Eleanor: «Cryptocurrency Millionaires Are Pushing Up Prices on Some Art and Collectibles». *Popular Science,* 6 de marzo de 2018. https://www.popsci.com/crypto-bitcoin-millionaires-collectibles.

Cuthbertson, Anthony: «Man Accidentally Threw Bitcoin Worth $108 Million in the Trash, Says There's "No Point Crying About It"». *Newsweek,* 30 de noviembre de 30, 2017. https://www.newsweek.com/man-accidentally-threw-bitcoin-worth-108m-trash-says-theres-no-point-crying-726807.

Higgins, Stan: «The ICO Boxing Champ Floyd Mayweather Promoted Has Raised $30 Million Already». CoinDesk. Actualizado el 4 de agosto de 2017. https://www.coindesk.com/ico-boxing-champ-floyd-mayweather-promoted-raised-30-million-already.

Hinchcliffe, Emma: «10,000 Bitcoin Bought 2 Pizzas in 2010—And Now It'd Be Worth $20 Million». *Mashable,* 23 de mayo de 2017. https://mashable.com/2017/05/23/bitcoin-pizza-day-20-million/#bMB2eoJdBmqs.

Marr, Bernard: «23 Fascinating Bitcoin and Blockchain Quotes Everyone Should Read». *Forbes,* 15 de agosto de 2018. https://www.forbes.com/sites/bernardmarr/2018/08/15/23-fascinating-bitcoin-and-blockchain-quotes-everyone-should-read/#1e703a447e8a.

Marvin, Rob: «23 Weird, Gimmicky, Straight-Up Silly Cryptocurrencies». *PC Review,* 6 de febrero de 2018. https://www.pcmag.com/feature/358046/23-weird-gimmicky-straight-up-silly-cryptocurrencies.

Montag, Ali: «Why Cameron Winklevoss Drives an "Old SUV" Even Though the Twins Are Bitcoin Billionaires». CNBC, 12 de enero de 2018. https://www.cnbc.com/ 2018/01/12/winklevoss-twins-are-bitcoin-billionaires-yet-one-drives-an-old-suv.html.

Nova, Annie: «Just 8% of Americans Are Invested in Cryptocurrencies, Survey Says». CNBC, 16 de marzo de 2018. https://www.cnbc.com/2018/03/16/why-just-8-percent-of-americans-are-invested-in-cryptocurrencies-.html.

Perlberg, Steven: «Bernanke: Bitcoin 'May Hold Long-Term Promise". *Business Insider,* 18 de noviembre de 2013. https://www.businessinsider.com/ben-bernanke-on-bitcoin-2013–11.

Varshney, Neer: «Someone Paid $170,000 for the Most Expensive CryptoKitty Ever». The Next Web, 5 de septiembre de 2018. https://thenextweb.com/hardfork/2018/09/05/most-expensive-cryptokitty.

Wizner, Ben: «Edward Snowden Explains Blockchain to His Lawyer—And the Rest of Us». ACLU, 20 de noviembre de 2018. https://www.aclu.org/blog/privacy-technology/internet-privacy/edward-snowden-explains-blockchain-his-lawyer-and-rest-us.

Capítulo 10: Impresiona a tus amigos

All Financial Matters: «The Rule of 72, 114, and 144». 14 de mayo de 2007. http://allfinancialmatters.com/2007/05/14/the-rule-of-72-114-and-144.

Buchanan, Mark: «Wealth Happens». *Harvard Business Review,* abril de 2002. https://hbr. org/2002/04/wealth-happens.

Buhr, Sarah: «10 Ridiculous Kickstarter Campaigns People Actually Supported». *TechCrunch,* consultado el 2 de marzo de 2019. https://techcrunch.com/gallery/10-ridiculous-kickstarter-campaigns-people-actually-supported.

Dieker, Nicole: «Billfold Book Review: Katrine Marcal's 'Who Cooked Adam Smith's Dinner?'». *The Billfold,* 6 de junio de 2016. https://www.thebillfold.com/2016/06/billfold-book-review-katrine-marcals-who-cooked-adam-smiths-dinner.

Godoy, Maria: «Ramen Noodles Are Now the Prison Currency of Choice». NPR, 26 de agosto de 2016. https://www.npr.org/sections/thesalt/2016/08/26/491236253/ramen-noodles-are-now-the-prison-currency-of-choice.

Gorlick, Adam: «Oprah Winfrey Addresses Stanford Class of 2008». *Stanford News,* 15 de junio de 2008. https://news.stanford.edu/news/2008/june18/com-061808.html.

Haskin, Brian: «Brad Balter on the Confluence of Hedge Funds and Liquid Alts». Daily Alts. 28 de mayo de 2014. https://dailyalts.com/brad-balter-confluence-hedge-funds-liquid-alts.

Hellemann, John: «His American Dream». *New York,* 24 de octubre de 2007. http://nymag.com/nymag/features/25015/

Kelly, Kate: «Defying the Odds, Hedge Funds Bet Billions on Movies». *Wall Street Journal.* Actualizado el 29 de abril de 2006. https://www.wsj.com/articles/SB114627404745739525.

Lowrey, Annie: «Who Cooked Adam Smith's Dinner?». *New York Times,* 10 de junio de 2016. https://www.nytimes.com/2016/06/12/books/review/who-cooked-adam-smiths-dinner-by-katrine-marcal.html.

McGinty, Jo Craven: «The Genius Behind Accounting Shortcut? It Wasn't Einstein». *Wall Street Journal,* 16 de junio de 2017. https://www.wsj.com/articles/the-genius-behind-accounting-shortcut-it-wasnt-einstein-1497618000.

Mesch, Debra: «The Gender Gap in Charitable Giving». *Wall Street Journal,* actualizado el 1 de febrero de 2016. https://www.wsj.com/articles/the-gender-gap-in-charitable-giving-1454295689.

Nisen, Max: «They Finally Tested the 'Prisoner's Dilemma' on Actual Prisoners—And the Results Were Not What You Would Expect». *Business Insider,* 21 de julio de 2013. https://www.businessinsider.com/prisoners-dilemma-in-real-life-2013–7.

Oey, Patty: «Fund Fee Study: Investors Saved More Than $4 Billion in 2017». Morningstar. 11 de mayo de 2018. https://www.morningstar.com/blog/2018/05/11/fund-fee-study.html.

Pesce, Nicole Lyn: «Why Women Are More Likely to Get Funded on Kickstarter». *MarketWatch,* 12 de mayo de 2018. https://www.marketwatch.com/story/why-women-are-more-likely-to-get-funded-on-kickstarter-2018–05–12.

Segal, Troy: «How to Invest in Movies». Investopedia. Actualizado el 19 de febrero de 2018. https://www.investopedia.com/financial-edge/0512/how-to-invest-in-movies.aspx.

Thompson, Nicholas: «How Cold War Game Theory Can Resolve the Shutdown». *The New Yorker,* 7 de octubre de 2013. https://www.newyorker.com/news/news-desk/how-cold-war-game-theory-can-resolve-the-shutdown.

Winton: «Shining a Light on Currency Black Markets». 13 de diciembre de 2018. https://www.winton.com/longer-view/currency-black-market-exchange-rates.

Wolfson, Alisa: «Why Women Give So Much More to Charity than Men». *MarketWatch,* 26 de octubre de 2018. https://www.marketwatch.com/story/why-women-give-so-much-more-to-charity-than-men-2018–10–26.

La autora

Tina Hay fundó y dirige Napkin Finance (www.napkinfinance.com), una plataforma educativa que empodera a sus lectores mediante explicaciones simplificadas sobre economía y finanzas. Esta emprendedora nacida en Los Ángeles cree que, con las herramientas y recursos adecuados, todo el mundo puede tomar mejores decisiones financieras.

Tina se licenció en la UCLA y tiene un máster de la Universidad de Harvard.